Meine VORLESE Geschichten

Was erleben wir Tag für Tag?

Ravensburger

Wer wohnt in Willewitt?

In diesem Buch wirst du viele Abenteuer mit Kiran, Romy, Finn, Jonas, Ella und Lilly erleben. Auf dieser Seite lernst du die sechs Kinder und ihre Familien kennen. Sie wohnen alle im Stadtviertel Willewitt.

Kiran, 5 Jahre
Dinoexperte

Till **Anando**

Oma Kala **Opa Nadi**

Familie Kohl

Das ist Kiran mit seinen Papas Anando und Till. Die Familie führt das Café Kohlmeise, das berühmt für seine würzigen Fladenbrote und süßen Kuchen ist. Anandos Eltern, Opa Nadi und Oma Kala, wohnen gleich um die Ecke.

Barbara

Finn, 7 Jahre
Wörtererfinder

Romy, 9 Jahre
Sportskanone

Jonas, 5 Jahre
Tierfreund

Konrad

Pommes

Familie Meierlein

Romy, Finn und Jonas wohnen mit ihren Eltern und Hund Pommes in einem kleinen Haus. Mama Barbara hat eine Fahrradwerkstatt und Papa Konrad arbeitet im Seniorenheim Pusteblume.

Familie Maina

Ella und Lilly sind Zwillinge und wohnen in einem Mehrfamilienhaus mit vielen netten Nachbarinnen und Nachbarn. Ihre Mama Zawadi ist die Kinderärztin im Viertel.

Ella, 7 Jahre
Gruselfan

Lilly, 7 Jahre
Pferdenärrin

Zawadi

Willkommen in Willewitt!

Willewitt ist das kunterbunte Viertel einer Großstadt.
Der beliebteste Treffpunkt ist das Café Kohlmeise am Marktplatz.
Der Stadtpark lädt zum Spazierengehen, Radfahren und
Picknicken ein. Vom Bahnhof fahren Züge
schnell ins Grüne.

Inhaltsverzeichnis

Die Eichhörnchen-Beobachtung

... bei der Zawadi, Lilly und Ella etwas völlig anderes herausfinden

Ella und Lilly frühstücken. Die Zwillinge sind sieben Jahre alt und gehen schon in die zweite Klasse. Aber nicht heute. Heute ist Sonntag. Da ist auch die Kinderarztpraxis von ihrer Mama Zawadi geschlossen.

„Seid ihr denn auch satt?", fragt Zawadi. Satt sind sie schon, aber sie haben zum Sonntagsfrühstück mit Mama süße Mandazi gebacken. Das sind kleine dreieckige Teilchen mit Kokosmilch – mmh, die sind einfach zu lecker! Darum stopft sich Lilly schnell noch ein Stück in den Mund. „Mir soll ja nicht der Magen knurren, das erschreckt das Eichhörnchen", sagt sie. Was? Das Eichhörnchen? Ja, wirklich: Ella, Lilly und Mama wollen heute Eichhörnchen beobachten. Die

Mädchen haben noch nie eins von Nahem gesehen. Dabei kommen manchmal welche in den großen, grünen Hof hinter dem Mehrfamilienhaus, in dem Ella, Lilly und Zawadi wohnen.

Frühmorgens ist es draußen kühl und noch ganz still. Die anderen Hausbewohner und Nachbarinnen schlafen bestimmt noch. Das ist aufregend, finden Ella und Lilly. Sie schleichen ein bisschen, um das Eichhörnchen nicht zu erschrecken – nur für den Fall, dass es schon in der Nähe ist. In der hintersten Hofecke steht ein Baumstumpf. Das ist der Rest von einem Baum, der gefällt werden musste. Sein kurzer Stamm ist mit Moos bewachsen und obendrauf ist er flach wie ein Tisch. Dahin legen Ella und Lilly ihre Nüsse.
Die Eichhörnchen-Beobachterinnen verstecken sich hinter dem dicken Brombeerstrauch.
Vorsicht, der piekt!

Aber seine Blüten sind bei Bienen sehr beliebt. Schon am frühen Morgen summt eine um den Busch herum. Durch eine Lücke zwischen den Zweigen können Ella, Lilly und Zawadi den Baumstumpf gut beobachten. Eine kleine Spinne klettert direkt vor Ellas Nase an einem Blatt hinauf, aber Ella hält ganz still.
Psst! Da raschelt etwas. Kommt jetzt das Eichhörnchen? Das wäre so schön. Aber nein. Ein kleiner Vogel lässt sich auf dem Baumstumpf nieder.
Wieder ist es ganz ruhig. Ein paar Minuten verstreichen. „Hicks!“, schallt es da plötzlich durch die Stille. Und noch einmal lauter: „HICKS!“

Erschrocken reißt Lilly die Augen auf und hält sich die Hand vor den Mund. Oje! Lilly hat Schluckauf bekommen. Ausgerechnet jetzt, wo sie doch ganz leise sein wollen.

„Was ist, wenn du den Mund ganz fest zumachst?", schlägt Ella vor. Aber das hilft auch nicht.

„Das Hopsen und Hicksen ist innen. Im Bauch. Und im Hals", sagt Lilly kläglich.

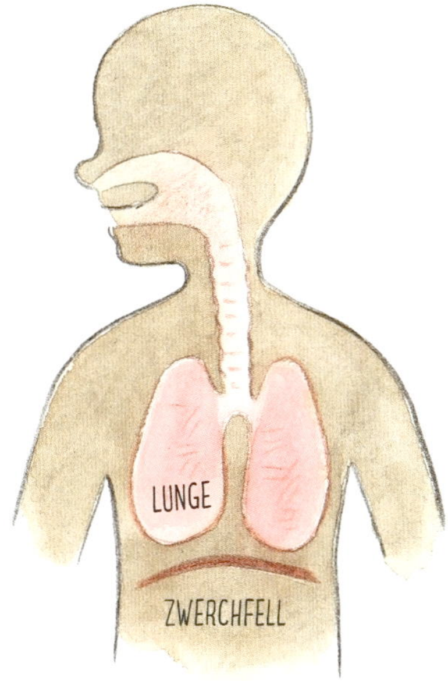

Zawadi hockt sich hin und nimmt Lilly in die Arme. „So ein Schluckauf entsteht hier", sagt sie und streicht behutsam mit einem Finger von links nach rechts über Lillys Bauch. „Da ist dein Zwerchfell. Es besteht aus Muskeln und Sehnen, die wie eine Zeltkuppel über deinem Magen liegen. Das Zwerchfell hat sich erschrocken."

Zwerg? Im Bauch? Mit Fell? Ella und Lilly machen große Augen.

Mama lächelt: „Es heißt ZWERCH-fell. Zwerch ist ein altes Wort und bedeutet quer. Fell bedeutet Haut oder hier Muskel. Und dieser Quermuskel hilft der Lunge beim Atmen."

„Und warum – HICKS! – hat sich mein Zwerchfell erschrocken?", fragt Lilly.

„Das Zwerchfell verspannt sich manchmal, zum Beispiel wenn man zu schnell isst", sagt Zawadi. „Oder auch, wenn man aufgeregt ist. Dann dehnt es sich kurz auseinander und man atmet ruckartig ein. So."

Zawadi schnappt schnell nach Luft. Für einen kurzen Moment hat sie einen ganz dicken Bauch.
„Dein Bauch hat einen richtigen Hopser gemacht!", ruft Ella.
„Genau!", sagt Mama. „Beim Luftholen. Aber die Atemluft kann nicht in den Körper hinein. Denn gleichzeitig verschließt sich oben im Hals eine kleine Klappe. Daran prallt die Luft ab."
„Das ist dann der Hickser! HICKS!", macht Lilly. Die Zwillinge kichern.

Zawadi erzählt dann noch, dass alle Säugetiere, zu denen auch die Menschen gehören, Schluckauf bekommen können. Sogar, wenn sie noch nicht mal auf der Welt, also noch im Bauch sind. Aber so langsam mag Lilly nichts mehr vom Schluckauf hören.
„Lieber will ich den Schluckauf wieder los sein!", sagt sie. Zawadi schlägt vor, dass Lilly Wasser trinkt. Dadurch kann sich das Zwerchfell entspannen.
„Oder du denkst an etwas ganz Ruhiges und Schö-

nes!“, sagt Ella freundlich. Lilly schaut auf den leeren Baumstumpf und seufzt. Die drei kuscheln sich eng aneinander und warten noch ein bisschen.
„Hicks!“, macht Lilly leise.

Da! Ein brauner Puschel! Die Kinder halten den Atem an: das Eichhörnchen? Ja, da ist es wirklich! Auf einmal sitzt es vor ihnen auf dem Baumstumpf. Es ist so flink! Mit seinen geschickten Vorderpfoten greift es die Nussstückchen und futtert sie blitzschnell auf. Man sieht genau, wie es kaut. Die Kinder sind glücklich. Husch! Weg ist es wieder! Genauso plötzlich, wie es gekommen ist.
„Wie dein Schluckauf!“, sagt Mama.
Tatsächlich! Der Schluckauf ist verschwunden. Lilly denkt gar nicht mehr daran.
„Das Eichhörnchen! Es hat wirklich unsere Nüsse gefressen!“, jubelt sie.
„Es sollte mal besser nicht so schnell futtern, sonst bekommt es auch einen Schluckauf!“, sagt Ella und hüpft gut gelaunt aus ihrem Versteck hervor.

„Dann springt es so von Baum zu Baum: Hopp-HICKS-Hopp-HICKS-Hopp-HICKS!“
Da müssen alle lachen. Was für ein schöner hicksiger-hopsiger Morgen!

Der Ausflug in den Stadtpark

... bei dem Kiran und Jonas zu Dino-Detektiven werden

„Hast du Platte?", ruft Papa Till und wirft einen prüfenden Blick in den Bollerwagen. Dann öffnet er das schwere Tor zum Stadtpark.

„Na klar!", ruft Kiran und schwenkt vergnügt seinen grau-grünen Plüschdino. Platte? Was ist das denn für ein Name?

„Platte ist ein PLATEOsaurus", erklärt Kiran jedem sehr geduldig. „Das war ein Pflanzenfresser-Dino." Vom vielen Kuscheln ist Plattes Fell schon ziemlich abgeschabt, aber das stört Kiran nicht.

Im Stadtpark warten schon Jonas mit der Mütze und seine Mama Barbara. „Moin! Moin!", ruft Till vergnügt, als er sie entdeckt. Till sagt immer „Moin, moin!" anstatt „Guten Tag!". Er stammt nämlich aus Hamburg, da begrüßt man sich so.
Barbara, Jonas, Till und Kiran machen heute einen Ausflug und der hat einen besonderen Grund: Jonas und Kiran wollen Tiere fotografieren.
„Schließlich werden wir später Tierfotografen", sagt Jonas, und zieht seine Mütze tiefer in die Stirn. „Da kann man ruhig schon mal üben."

In den meisten Stadtparks leben Vögel und Insekten oder vielleicht noch Igel und Wildkaninchen. Doch im großen Park von Willewitt kann man auch noch andere Tiere in ihren großen Gehegen bestaunen.
„Es sind alles heimische Tiere", sagt Barbara.
„Heimliche?" Jonas und Kiran schauen sich verwundert an. „Nein, HEIMische. Tiere, die hier bei uns in der Natur vorkommen. Oder die sich dauerhaft hier angesiedelt haben." – Ach so!

„Ich mag, wie es hier riecht“, sagt Jonas. „Nach Tier!“

Kiran mag das auch. Die beiden stehen am Zaun des ersten Geheges und schauen zu, wie die kleinen Ziegen über Felsen und Baumstämme springen, die extra dafür im Gehege liegen.

„Guck, Platte!“, sagt Kiran und klemmt seinen Plüschdino zwischen die Zaunlatten. „Was für'n super Spielplatz die haben!“

Davon machen sie gleich ein Foto.

Barbara kramt in ihrer Jackentasche nach Kleingeld und spendiert für alle eine Tüte Tierfutter.

„Unsere Butterbrote dürfen die Tiere nicht essen“, sagt Barbara. „Davon werden Wildtiere krank.“

Kiran setzt Platte in den Bollerwagen, damit er die Hände frei hat. „Du musst jetzt kurz mal warten“, sagt er.

Jeder bekommt ein paar kleine grün-braune Stückchen aus der Tierfuttertüte. Jonas findet, dass sie eigentlich ganz appetitlich aussehen. Barbara liest vor, was auf der Tüte steht: „Bestandteile: Getreide,

Apfel, Zuckerrübe. Die leere Tüte bitte im Mülleimer entsorgen."

„Wird gemacht!", sagt Papa Till fröhlich.

Den Ziegen schmeckt's. Sie kauen nur ganz kurz und schlucken das Futter gierig runter. Jonas hält ihnen das Futter in seiner Hand hin. Kiran traut sich das nicht. Er macht lieber zusammen mit Till noch ein paar Fotos.

Weiter geht es zu den Rothirschen. Die Hirsche stehen weit hinten auf einer großen Weide. Sie sind ganz still und blicken aufmerksam

Richtung Zaun, wo Kiran, Till, Jonas und Barbara andächtig stehen. Jonas und Kiran warten eine Weile, dann werfen sie das Futter auf die Wiese. Die scheuen Tiere schnuppern mit ihren feinen Nasen und schreiten erst dann langsam zum Zaun, als die Gruppe weitergeht. Ein männlicher Hirsch neigt seinen Kopf mit dem großen Geweih.
„Pssst. Foto, jetzt schnell“, flüstert Kiran. Jonas knipst.

Für das nächste Foto steuern die vier den hohen Mast mit dem Nistkasten für Turmfalken an. Tatsächlich landet gerade ein Falke elegant auf dem Holzvorsprung des Kastens.

„Tadaaa! Ich habe extra ein Fernglas eingepackt, damit wir den Vogel besser beobachten können“, verkündet Till und holt es aus seinem Rucksack. Jeder darf mal durchschauen. Wie toll der Turmfalke aussieht mit seinen gelb umränderten Augen!

„Stellt euch vor, die Augen des Turmfalken sind so gut, dass er sogar Insekten sehen kann, die ganz weit entfernt durch die Luft fliegen“, erzählt Jonas begeistert.

Kiran möchte Platte den Falken zeigen und eilt zum Bollerwagen. Doch Platte ist nicht mehr da, wo er ihn hingesetzt hat.

„Platte ist weg!“, ruft Kiran verzweifelt. Platte darf nicht weg sein! Kiran ist zum Weinen zumute. Jonas umarmt seinen Freund.

„Wir finden ihn bestimmt wieder, Kiran“, sagt er. „Weißt du noch, wann du ihn zuletzt hattest?“
„Nein!“, sagt Kiran traurig.
„Machen wir es wie die Zwergziegen!“, schlägt Barbara vor: „Wir steigen überall drauf und schauen überall drunter, wo wir gewesen sind.“
„Ja! Und zwar mit Falkenaugen!“, sagt Papa Till. „Wir finden Platte!“

Die vier gehen den ganzen Weg zurück und schauen überall nach, aber der kleine Plüschdino ist wie vom Erdboden verschwunden. Plötzlich bleibt Jonas ruck-

artig stehen und tippt sich an die Mütze. Das macht Jonas immer, wenn er eine Idee hat:
„Leute, wir haben doch ganz viele Fotos gemacht! Vielleicht helfen sie uns, Platte zu finden."
Schnell beugen sich alle über das Handy. Sie schauen jedes Bild genau an: „Hier hast du Platte noch!", sagt Jonas. „Da hast du ihn auf dem Arm."
„Und auf diesem Bild sitzt er noch hinten im Bollerwagen", sagt Barbara.
„Da!", ruft Kiran. „Da ist Platte!"
Tatsächlich, auf dem letzten Foto sieht man den Hirsch, wie er gerade den Kopf neigt ... UND Platte. Er liegt auf dem Boden im hohen Gras.

Die Jungen rennen los zur Hirschwiese, so schnell, dass Barbara und Till kaum nachkommen, obwohl zumindest Barbara echt sportlich ist. Als sie die richtige Stelle erreicht haben, hebt Kiran seinen Dino auf und drückt ihn glücklich an sich. „Bin ich froh, dass ich dich wieder hab!", seufzt Kiran.
„Gut, dass Platte nicht im Tierpark bei den hei-

mischen Tieren bleiben muss! Da hätte er ja gar nicht hingepasst", sagt Till. „Doch, Papa, das hätte er schon", sagt Kiran. „Platte ist doch ein PLATEO-SAURUS! Die haben echt hier gelebt. Hier bei uns! Natürlich vor vielen Millionen Jahren."

Da staunen alle. Und lachen. Barbara schnappt sich das Handy. Zeit für das allerletzte Foto! Diesmal ein Selfie. Alle strahlen und winken – ganz besonders Jonas und Kiran mit Platte.

Kiran ist froh. Er hat seinen geliebten Plüschdino wiedergefunden und gemeinsam mit Papa, Jonas und Barbara viele tolle Fotos gemacht. Was für ein tierisch-detektivischer Ausflug.

Die kaputte Papiergirlande

… mit der Jonas herausfindet, dass nicht jeder Müll wirklich Müll ist

Als Finn aus der Schule kommt, sitzt Jonas traurig und allein auf seinem Bett und zupft an einer selbstgebastelten Papiergirlande. Seine Mütze hat er tief in die Stirn gezogen. Romy ist noch beim Fußballtraining, Mama im Fahrradladen und Papa, der Frühdienst hatte, hält sein Mittagsschläfchen.
„He, Joni, was ist los? Wie war's im Kindergarten?", fragt Finn und setzt sich neben seinen Bruder.
Jonas erklärt, warum er traurig ist: Er hatte für sein Zimmer eine Girlande aus Papier gebastelt. Sie sah toll aus und hing da eine ganze Weile, aber jetzt ist die Girlande kaputtgegangen.
Das versteht Finn. Klar, es ist schade, dass die Girlande in die Mülltonne wandert. „Aber wenn du

sie in die Papiertonne tust, wird sie immerhin recycelt, also wiederverwertet!“
Jonas schaut seinen Bruder fragend an. Finn wirft mit Schwung seinen Schulranzen aufs Bett und macht es sich noch etwas bequemer. Weil sie in der Schule bei Frau Fuchs gerade das Thema Müll besprechen, weiß Finn einiges darüber.

„Weißt du, woraus Papier besteht?", fragt Finn und streicht sich die Locken aus dem Gesicht. Jonas überlegt kurz und schüttelt den Kopf.
„Papier wird aus Holz gemacht, also aus Bäumen. Man braucht sehr viel Wasser, Strom und Chemikalien, um damit Papierbrei herzustellen und dann schließlich Papier. Aber man kann auch altes, benutztes Papier sammeln und daraus Recyclingpapier machen. So rettet man erstens Bäume und zweitens spart man Wasser und Energie. Recyceln ist nämlich sparsamer als neu machen. Naja... Komm, bringen wir es hinter uns und versenken deine Kaputtilande!"
Jonas nimmt die kaputte Papiergirlande und die beiden gehen hinaus in den Garten.

Am Gartenzaun stehen mehrere Mülltonnen: eine mit gelbem Deckel für Plastikverpackungen wie Joghurtbecher oder Milchtüten, eine mit braunem Deckel für Kartoffelschalen und anderen Bioabfall, eine schwarze für den restlichen Müll und eine mit blauem Deckel. Das ist die Papiertonne.

Jede Tonne wird von einem anderen Müllauto abgeholt und zu Sortieranlagen gebracht. Was recycelt werden kann, wird gewaschen, zerkleinert und später in einer passenden Fabrik wiederverwertet. Was gar nicht mehr genutzt werden kann, landet meist in einer Verbrennungsanlage.

„Fast alles, was wir in die schwarze Tonne werfen, wird verbrannt und nicht verwertet. Du startest das Recycling also, indem du die richtige Tonne für deinen Müll auswählst“, erklärt Finn.

Jonas seufzt und hebt den blauen Deckel hoch. Gerade will er die kaputte Girlande hineinwerfen, da fällt ihm etwas ein: „Können wir meine Girlande nicht selber wiederverwerten?“

Gute Idee, findet Finn. Zwar wollte er heute Nachmittag eigentlich das neue Flötenstück für die Musikschule üben, aber Basteln macht ihm auch Spaß.

Konrad hat gerade sein Mittagsschläfchen beendet und kommt auf die Terrasse. Wie immer reibt er erst einmal seine Brille sauber. „Na ihr zwei, was habt ihr heute Nachmittag vor?“, fragt er und reckt sich.
„Wir möchten etwas Neues aus meiner kaputten Papiergirlande basteln. Wir wissen nur noch nicht genau was“, erklärt Jonas.
„Wir spielen Recycling, Papa. Machst du mit?“, ergänzt Finn.

„Das klingt ja toll, da bin ich gern dabei. Was haltet ihr davon, wenn wir Pappmaché machen?“, schlägt Konrad vor. Au ja!

Gesagt, getan: Der Gartentisch wird zur Recycling-anlage.
„Wir machen jetzt wieder Papierbrei aus deiner Girlande“, erklärt Finn.
Los geht's! Als Erstes trennt Jonas die Schnur von der Girlande ab, denn die ist nicht aus Papier und kann auch nicht verwertet werden. Dann reißen Jonas und Finn gemeinsam die Girlande in kleine Fetzen und sammeln sie in einer großen Schüssel. Damit mehr

Brei entsteht, holt Konrad noch ein paar alte Zeitungen aus der blauen Papiertonne, die sie ebenfalls zerschnippeln.
Konrad schüttet warmes Wasser in die Schüssel mit den Papierschnipseln. Jonas und Finn wechseln sich mit dem Umrühren ab: Nach einer Weile lösen sich die Papierfasern und ein wässriger Brei entsteht. Konrad macht den Brei mit einem Stabmixer noch etwas feiner.

In der Fabrik würde daraus jetzt Papier hergestellt. Doch Jonas, Finn und Konrad möchten aus dem Brei Pappmaché machen. Also drückt Papa Konrad den Brei mit den Händen aus, gießt das überschüssige Wasser ab, schüttet tüchtig Kleisterpulver dazu und knetet alles gut durch. Jetzt kann der Spaß beginnen!
Jonas rollt seine Breiportion zu mehreren faustgroßen Kugeln. Papa und Finn sind neugierig: Was wird denn das?
„Na, Christbaumkugeln natürlich!“, sagt Jonas. Da

wollen alle Christbaumkugeln formen – auch wenn es noch etwas dauert, bis wieder Weihnachten ist. Bald liegen sieben Kugeln auf dem Terrassentisch.
„Wenn sie ganz getrocknet sind, malen wir sie an und ziehen durch jede einen Faden hindurch", schlägt Papa vor. So können sie sogar die Schnur von Jonas Girlande nochmal verwenden.
„Ich male einen Dinosaurier auf meine", sagt Jonas. „Die schenke ich dann Kiran zum Geburtstag." Papa und Finn finden die Idee grandios. „Ein Weihnachtsbaum mit Dino-Kugel! Das wird der Knaller!", sagt Finn.

Jonas ist doppelt froh: Zwar musste er sich von seiner „Kaputtilande" trennen, aber dafür haben sie alle zusammen etwas richtig Tolles daraus gemacht. Angemalt werden die Christbaumkugeln richtig schön aussehen! Und er hat schon ein Geschenk für Kirans Geburtstag! Der ist nämlich bald.

Die Tanzaufführung

... bei der sich (fast) alle Raupen in Schmetterlinge verwandeln

„Die sind hier nicht!" Verzweifelt wühlt Ella in der Kostümkiste. „Nee, ich habe sie doch schon rausgesucht!", Lilly zieht die Schmetterlingsflügel hervor und hilft ihrer Schwester beim Anziehen. „Beeilt euch!", flüstert Finn, der aus dem kleinen Nebenraum in den großen Speisesaal schaut. „Es sind schon fast alle Stühle besetzt!"
Heute findet im Seniorenheim Pusteblume eine Aufführung von Janas Kindertanzschule statt. Finns Papa Konrad arbeitet heute und hat dieses Event mit Jana zusammen organisiert. Er freut sich ganz besonders auf den Auftritt von Finn und seinen Freundinnen Ella und Lilly.
Während das Publikum im Saal Platz nimmt, versammeln sich alle Kinder im Nebenraum.

„Wunderschön seht ihr aus!“, Jana strahlt. Und dann sagt sie noch: „Toi, toi, toi!“ Das ist so üblich vor einem Auftritt und soll Glück bringen.

Schon geht es los. Als Erstes laufen die älteren Ballettkinder auf die Bühne. Sie führen einen Vogeltanz auf. Dabei wedeln sie mit den Tüchern, die sie an ihren Ärmeln befestigt haben. Dem Publikum scheint es zu gefallen. Manche klatschen fröhlich mit.
„Ich muss mal“, raunt Ella ihren Freunden zu und verschwindet. Ängstlich schauen Finn und Lilly sich

an. Oh weh, das wird knapp. Aber die Ballett-Vögel sind noch mit Feuereifer bei der Sache. Ihr Tanz ist erst dann fertig, wenn sie so tun, als würden sie auf einem Ast sitzen und schlafen.
Mittlerweile machen sich schon die Raupenkinder bereit. Das sind die Kindergartenkinder, die beim Schmetterlingstanz mitmachen dürfen. Tanzlehrerin Jana hat sich nämlich etwas ganz Besonderes ausgedacht: Zuerst tanzen die kleinen Raupen zu einer lustigen Musik. Dann verschwinden sie kurz im Spieltunnel. Sobald sie dort wieder hervorgekrabbelt kommen, gesellt sich zu jeder Raupe ein Schmetterlingskind und beide tanzen zusammen. Am Ende tanzen alle Kinder. Der Tanz soll daran erinnern, dass sich in der Natur Raupen in eine Hülle einspinnen und sich darin ganz langsam in Schmetterlinge verwandeln.

Ella kommt von der Toilette zurück: „Ich glaube, ich habe vergessen, wie unser Tanz geht!“, sagt sie verzweifelt.

„Doch, Ella, du weißt das!“ Lilly nimmt Ellas schwitzige Hand und drückt sie. „Du hast nur Lampenfieber.“ Lampenfieber ist kein echtes Fieber, hat ihnen Tanzlehrerin Jana erklärt. Aber es fühlt sich trotzdem mies an, findet Ella, heiß und zittrig.

„Stell dir doch einfach vor, die Leute im Publikum würden schlafen! Alle haben die Augen zu und niemand sieht dich!“, sagt Finn. „Ja, und alle hätten Nachthemden und Schlafanzüge an!“, ergänzt Lilly. Und dann sagt Finn, der sich immer neue Wörter ausdenkt: „Hochverehrtes Pupslikum, schlafen Sie gut!“ Lilly und Finn prusten los und da muss auch

Ella lachen. Aber von wegen! Das Publikum schläft kein bisschen, sondern applaudiert gerade begeistert, denn der Vogeltanz ist zu Ende. Au, Backe!

Jana winkt die Raupen heran. Die Kleinen in ihren lustigen Kostümen drängeln sich richtig auf die Bühne. Die haben wohl gar keine Angst, denkt Ella. Raupe Kati stolpert fast über ihr langes, grünes Gewand und lacht übers ganze Gesicht. Da lachen auch die Leute im Publikum.
Eine sanfte Musik setzt ein. Die Verwandlung beginnt! Ein Raupen-Kind nach dem anderen krabbelt in den Spieltunnel hinein, wartet dort einen kurzen Moment und kommt dann wieder hervor. Das ist das Zeichen für die Schmetterlinge. Sobald das zuge-

hörige Raupen-Kind aus dem Tunnel geschlüpft ist, tanzt das Schmetterling-Kind los. Zuerst taucht Lillys Raupe auf, dann die Raupe von Finn. Ella steht schon bereit. Sie denkt daran, was Lilly und Finn gesagt haben und wartet auf ihre Raupe. Auf Kati. Aber Kati erscheint nicht. Sie bleibt im Spieltunnel verschwunden.
Da hockt sich Jana neben Ella: „Liebes, was ist denn los?“, fragt sie. Ella erzählt ihr, wie aufgeregt sie ist. Jana hört aufmerksam zu.
„Vor meinen ersten Tanzauftritten war ich auch sehr nervös“, sagt Jana. „Aber dann hab ich mich trotzdem getraut. Mit jedem Auftritt ist die Angst ein bisschen kleiner geworden und ich habe auch immer die Freude am Tanzen gespürt. Ich glaube ganz fest, dass du das auch schaffst.“
Ella schaut auf die Bühne und sieht wie Finn, Lilly und die Raupenkinder tanzen. Sie wird nicht allein auf der Bühne sein, das macht ihr Mut. Da beschließt Ella nicht mehr zu warten und läuft los. Ja, sie möchte ein Schmetterling sein wie die anderen Kin-

der. Das fühlt sie ganz doll. Auf Zehenspitzen hüpft Ella zum Spieltunnel und flüstert leise: „Kati, die Verwandlung hat angefangen. Du musst jetzt rauskommen."
Aber Kati hört nicht. Kati schläft. Sie ist tatsächlich im Spieltunnel eingeschlafen!
Da bleibt Ella nichts anderes übrig, als ohne Kati drauflos zu tanzen. Sie holt einmal tief Luft. Dann hüpft sie und springt und wiegt sich und dreht sich im Kreis. Das fühlt sich fast so an, als könne sie wirklich fliegen. Vor lauter Glück breitet Ella weit ihre Arme aus. An das Publikum denkt sie gar nicht, sie fühlt nur die schöne Musik und sieht die anderen Kinder. Sie alle sind echte Schmetterlinge auf einer Sommerwiese.

Die Musik verklingt. Jeder Schmetterling hält seine Raupe an der Hand und verbeugt sich. Ella verbeugt sich ganz alleine. Sie ist stolz, weil sie mutig war und sich trotz ihrer Angst getraut hat, auf die Bühne zu gehen. Und das Tanzen hat

sogar Spaß gemacht! Die Erwachsenen klatschen begeistert. Manche rufen sogar „Bravo!“ – am lautesten ruft Konrad. Plötzlich kriecht eine verschlafene Kati-Raupe aus dem Tunnel und da wird der Jubel noch größer. Es darf auch mal was schiefgehen, finden alle. Manchmal ist es dann sogar noch schöner. So eine tolle Aufführung hat die Pusteblume noch nie erlebt. Voller Verwandlungen!

Der Kuchen

... für den Kiran und Opa Nadi ein ganz neues Rezept erfinden

„Ich bin in zwei Stunden zurück, mit Oma!“, ruft Papa Anando und schnappt sich den Autoschlüssel von der Kommode. „Pünktlich zur Kaffeezeit!“, lacht er noch und schon fällt die Wohnungstür ins Schloss. Dann kann es ja losgehen! Kiran und sein Opa Nadi wollen einen Kuchen backen. Für Oma Kala, weil sie heute aus dem Krankenhaus kommt. Eine Linzer Torte – die mag sie am liebsten.

Bei Oma und Opa in der Küche duftet es wohlig nach Ghee. Das ist ein feines nussiges Butterfett, das Kirans Großeltern für ganz viele leckere Gerichte nutzen. Sie bereiten es regelmäßig nach einem indischen Familienrezept zu. Kiran hat dabei auch schon mal mitgeholfen. Doch heute wird in der Küche

Kuchen gebacken und das macht auch ganz schön viel Spaß!
Erst mal wiegen Opa und Kiran die Zutaten ab: Mehl, gemahlene Mandeln, Zucker, Nelkenpulver und Butter. Kiran kann schon alleine den Handrührer halten. Das ist gar nicht so leicht, weil der Teig zäh ist und sich die ganze Schüssel mitdrehen will.
Opa Nadi hält sie fest.

Während der Teig ruht, bereitet Opa die Kuchenform vor und Kiran holt die Johannisbeerkonfitüre aus dem Schrank. Die ist ein bisschen sauer, findet Kiran, aber sehr lecker. Vor allem, wenn man sie beim Backen nascht, dann schmeckt sie sogar noch besser.

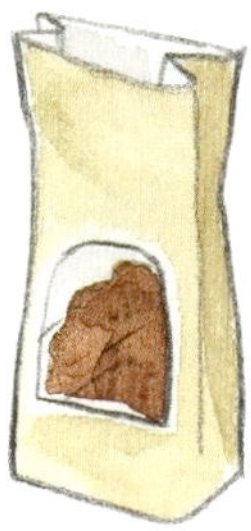

Als nächstes wird die Teigkugel ausgerollt. Kiran möchte gerade die Konfitüre darauf verteilen, da fällt Opa etwas ein: der Zimt! Sie haben den Löffel Zimt vergessen, der in den Teig gehört.
Opa kramt in der Küchenschublade: Muskatnuss, Pfeffer, getrocknete Kräuter – alles vorhanden! Die Tüte mit dem Zimt müsste gelb sein. Aha, da ist sie ja!

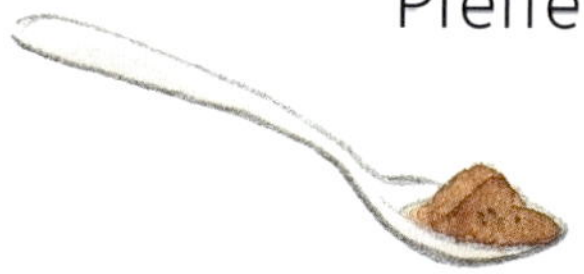

Zimt ist ein süßliches Gewürz aus der gemahlenen Rinde des Zimtbaums. „Zimt schmeckt ein bisschen nach Weihnachten“, findet Kiran. Tatsächlich kommt in vielen Rezepten für Weihnachtsgebäck etwas Zimt vor. In herzhaften Gerichten schmeckt Zimt auch. Papa Anando gibt immer eine Prise Zimt in seine

Möhren-Ingwer-Suppe. Zimt geht also fast immer. Jetzt häuft Opa reichlich davon auf einen Teelöffel und reicht ihn Kiran. Der streut das feine, bräunliche Pulver über den ausgerollten Teig. Jetzt noch die Marmelade – und ab in den Ofen!
Bald duftet der gebackene Kuchen süß in der ganzen Wohnung. Kiran und Opa sind gerade mit dem Aufräumen fertig, als Anando und Oma Kala zur Tür hereinkommen. Das gibt ein Hallo! Alle freuen sich, dass Dadi – das heißt „Oma“ auf Hindi – wieder gesund ist und nicht mehr im Krankenhaus bleiben muss.
„Ihr habt ja sogar gebacken!“, ruft Kala erfreut.
Allerdings! Das haben sie.
Die Linzer Torte steht mit Puderzucker bestreut auf dem Tisch. „Na, dann wollen wir mal!“, sagt Opa und legt Oma ein prächtiges Stück auf den Teller.

Alle lachen und reden fröhlich durcheinander, es gibt so viel zu erzählen. Kiran schaut interessiert zu, wie seine Dadi das erste Stückchen Torte in den Mund schiebt. Doch was ist los? Plötzlich hört sie auf zu kauen.

„Kala!", ruft Nadi, „Freust du dich so sehr über unsere Torte, dass du sogar Freudentränen vergießt?" Tatsächlich. Oma Kala hat etwas feuchte Augen und atmet ganz langsam aus. Mit einem spitzen Mund, als wollte sie pfeifen.

Kiran weiß nicht so genau, was er davon halten soll und schiebt sich jetzt selbst ein großes Stück in den Mund ... und spuckt es gleich wieder aus.

„Uaah, ist das scharf!", ruft er.

Anando fächelt sich mit der Serviette Luft zu: „Kann es sein, dass ihr da irgendein Gewürz verwechselt habt? Vielleicht Zimt mit dem extrascharfen Chilipulver, das wir sonst nur für das Vindaloo Curry benutzen?"

Anando kennt sich mit Gewürzen aus, er ist ja auch der Küchenchef im Café Kohlmeise.

Opa lacht lauthals los: „Da denkst du, jetzt gibt es eine süße Torte, und dann kommt DAS!"

Anando kichert: „Ihr habt da ein ganz neues Rezept erfunden: Feuertorte!"
„Linzer Vulkan!", japst Opa und wischt sich die Augen vor Lachen.
Oma Kala streicht Kiran über die Haare. „Also ich freue mich sehr über die Torte, auch wenn sie ungewöhnlich würzig ist. Ich denke, mit Sahne kann man die Schärfe etwas abmildern."
„Mir schmeckt sie!", behauptet Opa. „Gib mir bitte mal gleich noch ein Stückchen!"
„Oder wir essen einfach ein Butterbrot …", sagt Kiran und grinst jetzt auch übers ganze Gesicht, „… mit Johannisbeerkonfitüre. Die ist nur sauer, nicht scharf."
Da lachen alle noch viel mehr. Kiran ist froh. Dadi ist wieder gesund und das Missgeschick mit dem falschen Gewürz war doch gar nicht so schlimm. Jedenfalls hat er gelernt, wie unterschiedlich Gewürze im Essen wirken. War das ein witzig-würziges Kaffeetrinken!

Die Trainingsstunde

... in der Jonas mit seinem neuen Fahrrad eine erstaunliche Erfahrung macht

„Tataaa! Wie nagelneu!“ Vergnügt schiebt Barbara ein krokodilgrünes Kinderfahrrad aus ihrer Werkstatt. „Boah, Mama!“ Jonas strahlt. Als das Rad noch seinem älteren Bruder Finn gehörte, war es blau und hatte ein paar Schrammen. Jetzt prangt sogar eine neue Klingel am Lenker.

Heute möchte Jonas üben, auf dem größeren Fahrrad zu fahren. Das geht am besten im Park. Mama begleitet ihn. Auf dem breiten Weg angekommen, steigt Jonas auf den Sattel. Seine heißgeliebte Mütze hat er gegen seinen Fahrradhelm eingetauscht. Mama Barbara hat ihre blonden Haare wie immer zu einem Zopf gebunden.

„Soll ich dich anschieben?", fragt Barbara, aber das will Jonas auf keinen Fall. Entschlossen tritt er das Pedal. Puh, das ist bei dem großen Fahrrad gar nicht so leicht. Nur langsam setzt es sich in Bewegung. Der Lenker kippt bedenklich hin und her.

„Schneller, Joni!", ruft Barbara, „Sonst kippst du um!"

Jonas wundert sich. Wieso schneller? Wäre es nicht besser, erst mal ganz langsam zu fahren? Aber tatsächlich: Je langsamer sich die Reifen drehen, desto wackeliger wird die ganze Sache. An der Parkbank hält Jonas an.

Barbara hat eine Idee. Sie nimmt ein 50-Cent-Stück aus ihrer Geldbörse, stellt es aufrecht auf die glatte Sitzfläche der Bank und gibt ihm einen Schubs. Wie ein kleines Rad rollt die Münze geradeaus, bis sie langsamer wird. Dann beginnt sie zu wackeln und … kippt um.

„Siehst du? Runde Scheiben oder Reifen kippen, wenn sie zu langsam werden. Das ist auch bei Fahrradreifen so. Deshalb stellt man auch einen Fuß auf den Boden, wenn man mit dem Fahrrad anhält."

Jonas schaut an seinem rechten Bein herunter. Ja, wenn er nicht mit einem Fuß sicher auf dem Boden stehen würde, wäre sein Rad jetzt schon längst umgekippt.

Mama fährt fort: „Reifen, die sich mit einer bestimmten Geschwindigkeit drehen, rollen recht stabil geradeaus. Das haben Menschen schon vor sehr langer Zeit beobachtet. Aber das ist noch nicht alles, um sicher zu fahren. Wichtig bist natürlich du selbst. Du hältst als Fahrer zusätzlich mit deinem Körper das Gleichgewicht. Das machst du ganz automatisch."

„Dann kann also gar nicht viel passieren", denkt Jonas beruhigt, „ich muss mich nur trauen." Er steigt wieder auf sein Rad. Diesmal darf Mama am Anfang anschieben. Jonas strampelt schneller. Und noch ein bisschen schneller. Puh, ihm wird heiß. Aber der Lenker ist stabil. Jonas fährt geradeaus.

Plötzlich spürt Jonas ein Prickeln im Bauch. Es fühlt sich toll an. Hält Mama den Sattel denn gar nicht mehr fest? Tatsächlich! Jonas saust alleine den Parkweg entlang, ohne zu wackeln.
„Jippie!“, ruft Jonas.
„Juchhuuu!“, Barbara jubelt mit und klatscht in die Hände.

Doch, huuuch! Was ist denn das? Über den Parkweg läuft eine Entenmama – hinter ihr her watscheln fünf kleine Entenküken. Sie wollen bestimmt zum Teich bei den Bäumen. Das letzte Küken in der Reihe bleibt stehen. Vorsicht, Küken! Ein Fahrrad!

Doch Jonas bremst rechtzeitig. Fast schleudert sein Rad ein bisschen. Der Staub auf dem Weg wirbelt auf, aber Jonas steht und hält den Lenker fest in der Hand. Das ist noch einmal gut gegangen!
Jonas ist so froh, dass er aufmerksam war.
Er atmet erst mal durch, während das Küken seelenruhig zum Wegrand spaziert, wo seine Mama und seine Geschwister schon warten.

Jonas fährt noch ein paarmal den Weg rauf und runter, Mama läuft immer neben ihm. Dann machen die zwei eine Pause und Jonas trinkt einen großen Schluck aus seiner Wasserflasche.
„Jetzt brauchst du nur noch ein bisschen Übung", sagt Barbara. „Wie damals, als du ein Baby warst und Laufen gelernt hast."
Jonas kichert. „Oder so wie du, als du Pfeifen geübt hast."
Barbara lacht: „Ja, das habe ich wirklich tagelang probiert, bis endlich ein richtiger Pfiff dabei heraus-

kam. Aber jetzt kann ich es. Hör mal!“ Barbara pfeift auf zwei Fingern. Jonas schmunzelt und schwingt sich noch mal auf den Sattel seines Fahrrads für eine letzte Übungsrunde.

Nanu, da kommt mit wehenden Ohren Pommes angerannt, der Hund der Familie Meierlein. Finn und Romy, die älteren Geschwister von Jonas, sind auch in den Park gekommen – mit Pommes und Papa Konrad.

„Krasso, Jonas!“, ruft Finn. Finn denkt sich immer neue Wörter aus. Krasso ist gerade sein Lieblingswort und bedeutet, dass etwas ganz toll ist.

„Mensch, Brudi, nach deiner Trainingsstunde heute kannst du bestimmt bald mit uns zusammen eine Radtour machen“, sagt Romy und nickt ihrem Bruder anerkennend zu.

„Ja, aber ein paarmal gehe ich schon noch üben!“, sagt Jonas. „Bis es gar nicht mehr wackelt.“

„Wir wollen euch übrigens abholen. Zu Hause wartet etwas auf uns!“ Finn grinst von einem Ohr zum anderen und macht dazu große Augen – sein Überraschungsgesicht.

„Gibt es etwa eine Überraschung?“, fragt Jonas neugierig.

Oh ja, es gibt eine. Und zwar eine kalte Überraschung: selbst gemachtes Apfelsafteis. Romy hatte die Idee, Apfelsaft in den Eiswürfelbehälter zu füllen und ins Gefrierfach zu stellen. Bestimmt sind die Würfel schon hart gefroren. Die perfekte Erfrischung nach dem Fahrradtraining!

Da gehen Jonas, Finn und Romy mit ihrer Mama und ihrem Papa nach Hause. Pommes springt fröhlich um sie herum. Anscheinend freut er sich - obwohl er gar kein Eis mag. Jonas ist zufrieden: Das Fahren auf seinem neuen grünen Rad klappt schon richtig gut. Und das Entchen hat ihm gezeigt, wie wichtig es ist, dabei immer aufmerksam zu sein. Was für ein schöner Nachmittag! Richtig krasso, wie Jonas das heute gemacht hat, da sind sich alle einig.

Der Abend mit der Babysitterin

... der für Ella und Lilly ganz anders verläuft als erwartet

„Ihr wisst ja, ich geh gleich mit Barbara ins Kino. Jenny kommt und sittet euch, meine beiden kleinen Schnuckelbabys!“, neckt Mama Zawadi und kitzelt Ella und Lilly tüchtig durch. Lachend tollen die drei auf dem Sofa herum. Von wegen Babys! So eine Gemeinheit! Die Zwillinge sind doch keine Babys mehr!

Aber es heißt nun mal Babysitter oder Babysitterin. Das ist ein englisches Wort und bedeutet, dass jemand bei einem Kind bleibt und es versorgt, während die Person, die das sonst tut, nicht zu Hause ist. Weil der Papa von Ella und Lilly in einer anderen

Stadt wohnt, kommt Jenny. Jenny hat rote lockige Haare und jede Menge Sommersprossen, und wenn sie lacht, müssen alle anderen auch lachen, so lustig klingt das. Zusammen mit zwei anderen jungen Erwachsenen wohnt sie bei Familie Maina im Haus, gleich ein Stockwerk tiefer. Ella und Lilly mögen Jenny sehr gern und Jenny mag die Zwillinge.
Da klingelt es auch schon an der Tür. Lilly und Ella jubeln: Das wird ein toller Abend! Jenny kennt viele Spiele und denkt sich immer die schönsten Gruselgeschichten aus: zum Beispiel die von frechen Feen und

kichernden Koboldeň, die hinterm Spielplatz wohnen und den Menschen in Willewitt Streiche spielen. Klar, dass besonders Ella diese Geschichten liebt. Sie denkt sich ja selbst gern Spukgeschichten aus.

Als Mama fort ist, machen die drei erst einmal gemeinsam Butterbrote und Salat. Nach dem Abendessen sitzen Lilly, Ella und Jenny noch gemütlich am großen Esstisch. Da tippt sich Jenny plötzlich an die Stirn: „Ach, ich wollte euch doch etwas mitbringen! Ich habe neulich beim Aufräumen ein schönes altes Märchen-Kartenspiel von mir gefunden – mit Drachen und Hexen und Zauberern. Wisst ihr was? Ich hole es schnell."

Jenny saust ins Erdgeschoss, während Ella und Lilly den Tisch abräumen und sich voller Vorfreude wieder hinsetzen und warten.
Wo bleibt Jenny denn? Muss sie das Spiel erst suchen?
Ella und Lilly schauen sich an und - wie meistens - wissen beide gleich, was die andere denkt.

„Ok, schauen wir nach!“, sagt Ella.
Als sie im Treppenhaus sind, hören sie von unten ein Stöhnen.
„Jenny?“, ruft Lilly, „bist du das?“
Und tatsächlich: Es IST Jenny. Sie hatte das Spiel geholt und wollte gerade wieder die Treppe hinaufflitzen, als sie ausgerutscht und mit dem Fuß umgeknickt ist. Jetzt sitzt sie zerknirscht auf der unteren Treppenstufe und verzieht das Gesicht. Sie ist ganz blass. „Autsch! Mein Knöchel!“, sagt sie mit kläglicher Stimme.
Lilly hockt sich neben Jenny und legt tröstend die Arme um sie. Jennys Mitbewohner sind beide nicht da, also müssen die Zwillinge ganz alleine helfen.
Ella hat eine Idee: „Wir bringen dich in eure Wohnung. Und dann folgen wir der PECH-Regel! Komm, Lilly, wir müssen Jenny stützen!“
Stimmt, die Regel hat Mama ihnen mal erklärt. Zawadi ist Ärztin, sie kennt sich mit Verletzungen aus.
Die Regel lautet so: Hast du Pech und verstauchst oder zerrst dir ein Gelenk, dann hilft die PECH-Regel.

Gesagt, getan. „Der erste Teil der Regel ist schon mal erfüllt!“, sagt Ella: „P wie Pause machen – also hinsetzen!“ Lilly kichert und Jenny nimmt dankbar auf dem Sofa Platz.

Nach dem P kommt das E wie Eis. „Habt ihr etwas zum Kühlen da?“, fragt Lilly. „Ja, schaut mal im Kühlschrank nach, da sind Coolpacks oben im Eisfach“, erklärt Jenny. In der großen WG-Küche kennen sich die Zwillinge aus, hier haben sie neulich schon mal alle zusammen Pizza gemacht. Ella holt das Coolpack, wickelt es in ein Küchenhandtuch und legt es auf Jennys Knöchel. Oh, das tut gut! „Ihr seid ja richtig tolle Ersthelferinnen!“, lobt Jenny und lacht schon wieder.

Aber was ist das C in der PECH-Regel? Das C steht für compression, das ist Englisch. Damit ist ein Verband gemeint, mit dem man auch gleichzeitig das Kühlpack befestigen kann. Der Verband übt etwas Druck aus, damit die Schwellung sich nicht zu sehr ausbreitet. Weil Ella und Lilly keinen Verband haben, wickeln sie ein Küchenhandtuch um Coolpack und Knöchel. „So, jetzt noch H wie Hochlagern!“, weiß Lilly und schiebt einen Hocker vor das Sofa, auf den sie Jennys Bein mit dem verletzten Knöchel legen. Fertig!
Sagenhaft! Jenny ist begeistert. Ihr geht es schon so viel besser. „Vielen Dank, ihr zwei. Also wenn ich mich nicht irre, dann seid IHR wohl heute MEINE

Babysitterinnen." Da müssen alle lachen. „Genau!", ruft Lilly vergnügt.

„Jetzt spielen wir noch ein bisschen mit den Märchenkarten!", schlägt Ella vor. Jenny zieht eine aus dem Stapel. „Oh, schaut mal! Eine Feenkarte! Das passt ja gut, weil ihr heute meine guten Feen seid!"

Mitten in das vergnügte Gelächter platzt Mama, die beim Heimkommen Stimmen aus der unteren Wohnung gehört hatte.

„Hallo? Warum steht denn hier die Tür offen? Und was macht ihr denn alle hier unten?" Zawadi schaut sich verwundert um. Mit Feuereifer erzählen Ella und Lilly, was geschehen ist. Jenny lächelt und nickt. Mama schaut sich Jennys Verletzung an und ist sehr zufrieden mit der Ersten Hilfe ihrer Töchter.

„Siehst du, Mama", sagt Lilly. „Wir sind keine Babys mehr. Im Gegenteil. Wir können sogar unsere Babysitterin sitten!" Mama lacht und alle stimmen ein. Bevor sie hoch in ihre Wohnung gehen, verspricht Zawadi, morgen noch mal nach Jennys Fuß zu schauen. „Jetzt aber erst einmal lala salama, liebe Jenny", sagt Mama. Das sagt sie auch immer zu den

Zwillingen. Es heißt „Gute Nacht“ auf Suaheli, eine der Sprachen, die Familie Maina spricht.

Ella und Lilly sind froh, weil sie Jenny helfen konnten. So war dieser Abend auch ohne Gruselgeschichte spannend und am Schluss sogar märchenhaft. Auf jeden Fall ganz anders, als sie erwartet hatten.

Das Geburtstagsfest

... mit einem geflügelten Gast

„Hurra, da sind sie!“, freut sich Kiran.

Und da kommen auch schon Jonas, Finn, Romy, Ella und Lilly über die Wiese im Stadtpark gelaufen. Alle halten bunte Päckchen in den Händen.

„Herzlichen Glückwunsch zum Geburtstag, Kiran!“, rufen sie fröhlich durcheinander.

Auf der Wiese unter dem großen Haselbusch breiten Till und Anando, Kirans Papas, gerade die Picknickdecke aus.
„Moin, moin, ihr Lieben! Schön, dass ihr alle da seid!“, begrüßt sie Till. Er sagt immer „Moin“ anstatt „Hallo“ oder „Guten Tag“. Kiran wird heute sechs Jahre alt. Zur Feier des Tages gibt es Apfelschorle und Kuchen für alle.
Später wird gebastelt: eine Murmelbahn aus Toilettenpapierröllchen. Die ganze Familie Kohl hat dafür jede Menge Papprröllchen gesammelt.

Als Erstes packt Kiran seine Geschenke aus. Von Finn und Romy bekommt er einen Drachen, ein Buch mit Abenteuergeschichten von Ella und einen Lupenbecher von Lilly. Kiran freut sich über alle Geschenke. Begeistert zeigt er seinem besten Freund Jonas den Lupenbecher: „Guck mal, damit können wir Insekten einfangen und anschauen. Danach lassen wir sie natürlich wieder frei, wie echte Forscher“, sagt er begeistert.

Jonas schaut Kirans Geschenke an und wird ein bisschen nervös. Er hat für Kiran etwas gebastelt, aber was, wenn ihm dieses Geschenk nicht gefällt? Lieber versteckt Jonas das Päckchen unauffällig in seiner Tasche. Dann bringt Anando einen traumhaft leckeren Erdbeerkuchen. Mmh ... der schmeckt!

„Achtung! Wespe!", ruft Lilly und versucht, den gelbschwarzen Brummer mit ihrer Serviette in die Flucht zu schlagen. „Nicht in meine Richtung!", schreit Finn

und wedelt jetzt seinerseits. Finn, Ella und Lilly lachen. Die Wespe kreist davon völlig unbeeindruckt weiter um die Trinkbecher der Kinder.

„Ihr dürft nicht nach ihr schlagen! Dann wird sie nämlich sauer und sticht vielleicht“, sagt Jonas besorgt. Kiran sieht das genauso. Er weiß: Auch wenn Wespen uns manchmal nerven, sind Insekten wichtig. Sie bestäuben Pflanzen, wenn sie von Blüte zu Blüte fliegen. UND Insekten sind Futter für Vögel und viele andere Tiere.

„Die Wespe findet die Apfelschorle eben genauso lecker wie wir", sagt Kiran. „Kommt, wir stellen ihr einen Teller mit ein paar Tropfen Schorle unter den Haselbusch, dann fliegt sie dorthin und lässt uns in Ruhe", schlägt er vor.

Doch da ist die Wespe schon auf den Becherrand gekrabbelt und schwupp … in Lillys Apfelschorle geplumpst.

„Schnell, gieß den Becher aus!", ruft Jonas. „Sonst ertrinkt sie!"

„Ihr braucht euch nicht zu beeilen! Insekten kommen eine ganze Weile ohne Sauerstoff aus, selbst unter Wasser", erklärt Anando.

„Atmen sie denn nicht so wie wir? Durch die Nase oder den Mund?", will Ella wissen.

Anando schüttelt freundlich den Kopf: „Nein, Insekten und Spinnen haben keine Lungen. Sie nehmen Sauerstoff durch winzige Öffnungen an ihrer Körperseite auf. Diese Öffnungen können sie bei Bedarf auch verschließen. Den Sauerstoff, den die Insekten bis dahin aufgenommen haben, verteilen sie über ein

Röhrensystem in jeden Winkel ihres kleinen Körpers. Bei Wespen kann es sogar ein paar Tage dauern, bis der ganz verbraucht ist."

Aber das wollen sie ganz gewiss nicht ausprobieren. Lilly schüttet ihre Apfelschorle mit Schwung auf die Wiese. Die Wespe fliegt schnell davon.
„Die ist erst mal satt", sagt Romy.
„Ich habe sie rülpsen gehört, ihr auch?", fragt Finn grinsend, aber das glauben die anderen ihm nicht.
„Basteln wir besser erst mal Deckel für unsere Trinkbecher und danach die Murmelbahn", schlägt Kiran vor. Damit sind alle einverstanden.

Till und Anando helfen den Kindern beim Ausschneiden der Kreise aus einem großen Stück Pappe. Da fällt Jonas wieder sein Geschenk ein. Verlegen zieht Jonas seine Mütze tief in die Stirn. „Du, Kiran, ich habe auch etwas für dich. Ich habe es selbst gebastelt", sagt er leise und drückt Kiran schüchtern sein Päckchen in die Hand. Kiran wundert sich, denn das

Paket ist kugelrund. Neugierig packt er es aus. Jonas ist ein bisschen aufgeregt: „Na ja, es ist …“, will er gerade sagen, da jubelt Kiran:
„Eine Christbaumkugel! Aus Pappmaché! Mit einem Dinosaurier drauf! Die ist ja supertoll! Boah, Jonas, danke, dass du die extra für mich gemacht hast!“
Jonas strahlt erleichtert über das ganze Gesicht. Es ist zwar noch ein bisschen hin, aber das nächste Weihnachten kommt bestimmt. Dann ist die Kugel perfekt für den Tannenbaum.
„Und heute hänge ich sie in den Haselbusch“, beschließt Kiran. „Dann können wir sie den ganzen Tag anschauen.“

Natürlich malen Jonas und Kiran auch Dinos auf ihre Becherdeckel. Romy verziert ihren mit einem Fußball, Ella wählt ein gruseliges Gespenst, Lilly ein Hufeisen und Finn bedeckt seinen mit lauter verschiedenen Musiknoten. So weiß man auch gleich, wem welcher Deckel gehört.
Etwas später ist auch die Murmelbahn fertig und tatsächlich rollen die Murmeln um die Kurven und im Zickzack durch den Pappröhrchen-Tunnel.
Was für ein schöner Geburtstag mit einer Wespenrettung, gemeinsamem Basteln und Christbaumschmuck im Hochsommer.
„Wespomastisch!“, sagt Finn.

Der Flohmarkt

... bei dem Romy, Finn und Jonas eine ungewöhnliche Bewohnerin im Puppenhaus entdecken

„Boah, ist der schwer!“ Finn hebt gemeinsam mit seinem Papa Konrad einen großen Karton aus dem Kellerregal.
„Jetzt noch die beiden da drüben“, sagt Mama Barbara. „Bringt sie bitte am besten gleich raus auf die Straße, ich baue schon mal den Tisch auf.“

In der Apfelbaumstraße findet heute ein Flohmarkt statt. Deswegen fahren hier heute keine Autos. Viele Nachbarinnen und Nachbarn machen mit und legen alle möglichen gebrauchten und neuen Dinge zum Verkaufen auf Decken und Tische. Barbara und Konrad bieten Gläser und Geschirr an. Barbara hat auch Schraubenschlüssel in ihrer Werkstatt aussortiert

und mitgebracht. Romy möchte ihr Trikot von ihrem Lieblingsfußballverein verkaufen. Sie liebt es sehr, aber es ist ihr inzwischen viel zu klein. Mit dem Geld vom Flohmarkt möchte sie dann auf ein neues Trikot sparen. Finn hat kunterbunte Postkarten zum Verkauf gebastelt. Er spart auch, und zwar auf eine Gitarre – sein neues Lieblingsinstrument.
Und Jonas? Der verkauft Spielzeug, mit dem er nicht mehr spielt. Zum Beispiel das Puppenhaus. Das steht schon eine Weile unbenutzt im Keller. Hier auf dem Verkaufstisch sieht es wieder richtig gut aus. Gerade holt Jonas die kleinen Puppenmöbel aus einer Kiste und stellt sie auf, als plötzlich ein Schrei ertönt: „Eine Spinne! Iiiiih!"

Jonas schaut verwundert zu seinem Bruder Finn, der mit großen Augen auf das Puppenhaus guckt. Tatsache: In einem der Zimmer sitzt ganz hinten im Eck eine dicke Spinne. Die Spinne kommt bestimmt aus dem Keller und ist jetzt samt Puppenhaus auf dem Flohmarkttisch gelandet! Jonas nimmt seine Mütze ab und beugt sich vor, um die unerwartete Bewohnerin besser anzuschauen.

„Iih, Jonas, geh nicht so nah dran, sie beißt vielleicht!“, krächzt Finn, der vor Schreck noch ein bisschen blasser als sonst geworden ist.

„Uah! Ist die eeeeklig!“, findet auch Romy und schüttelt sich richtig. Romy und Finn gehen hinter dem Verkaufstisch in Deckung.

„Also echt! Habt ihr etwa Angst vor so einer kleinen

Spinne?", fragt Jonas. „Die tut doch nichts! Und selbst wenn die beißen würde, wäre das nicht schlimm. Es gibt hier bei uns keine Giftspinnen, die für Menschen gefährlich sind", erklärt Jonas seinen Geschwistern und rückt seine Mütze wieder zurecht. Romy findet die Spinne trotzdem voll fies, traut sich aber noch, einen Blick zu riskieren. Misstrauisch beäugt sie das haarige Krabbeltier. Mit einem Quieker weicht Romy zurück, als die Spinne sich bewegt und aus ihrem Versteck herauskommt.

„Ich finde, Spinnen sind richtig coole Tiere“, sagt Jonas. „Das hier ist eine Winkelspinne. Die kann mit den Haaren auf ihrem Körper sogar Erschütterungen und Geräusche wahrnehmen. Und mit ihrem Trichternetz fängt sie Mücken, Fliegen und andere kleine Insekten. Das ist sogar nützlich für uns Menschen.“
Jetzt geht auch Finn wieder einen Schritt näher an das Puppenhaus heran.
„Puppenhaus mit Bewohnerin zu verkaufen!“, lacht Romy.
„Willkommen zur Teestunde im Puppenhaus mit Madame Spinnetti!“, kichert Finn.
Jonas schlägt vor, die Spinne ins Gebüsch zu bringen, bevor jemand das Puppenhaus kauft.
„Wie denn?“, fragen Romy und Finn gleichzeitig.
„Wir stülpen ein Glas drüber und schieben eine Postkarte darunter. So können wir sie einfangen, ohne sie anzufassen.“ Bei dem Wort „anfassen“ muss sich Finn richtig schütteln.
Jonas traut sich. Seine beiden großen Geschwister schauen voller Bewunderung zu.

„Cool, Brudi!“, sagt Romy.
„Spimutig!“, sagt Finn. Das heißt spinnen-mutig.
Bevor Jonas sie ins Gebüsch setzt, schauen die drei die Spinne unter dem Glas noch mal genau an. Romy bewundert ihre acht feinen, behaarten Beinchen.
„Daran kannst du sehen, dass es eine Spinne ist. Insekten haben nur sechs Beine“, sagt Jonas. Als er das Glas hochhebt, verschwindet die Spinne blitzschnell zwischen Blättern und Zweigen.
Finn gibt sich einen Ruck: „Irgendwie ist es unnötig, Angst vor Spinnen zu haben! Vielleicht kann ich mich an ihren Anblick gewöhnen, wenn ich eine Spinne male und das Bild in meinem Zimmer aufhänge?“

Romy will die achtbeinigen Krabbler jetzt auch besser kennenlernen. Sie beschließt, beim nächsten Ausflug in die Stadtbücherei ein Buch über Spinnen auszuleihen. „Wenn ich mehr über sie weiß, sind sie bestimmt gleich weniger gruselig! Und wenn es zu schlimm wird, klappe ich das Buch einfach zu."
„Vielleicht werdet ihr ja auch Spinnenfans, so wie ich!", freut sich Jonas.
Finn und Romy finden, dass es erst mal reicht, nicht mehr so viel Angst vor Spinnen zu haben.

„Hey ihr drei, hier ist Kundschaft für euch!", ruft Barbara. Vor dem Verkaufstisch steht ein Junge und möchte das Puppenhaus kaufen. Jonas überreicht es ihm feierlich.
„Viel Spaß damit. Es wohnt auch niemand drin, versprochen", sagt Jonas ernst.
Der Junge schaut verwundert und lacht.
„Prima, dann können meine Puppen einziehen. Danke!", sagt er und spaziert stolz mit dem Puppenhaus davon.

„Wie gut, dass unser kleiner Bruder so spimutig ist!", sagt Romy und knufft Jonas freundlich in die Seite. Der restliche Flohmarkttag verläuft zum Glück ganz ohne Aufregung. Die Meierleins haben fast alles verkauft. „Für die Urlaubskasse!", freut sich Barbara. „Toll, dass du dich von den uralten Schraubenschlüsseln trennen konntest!", neckt Konrad sie und gibt Barbara einen Kuss auf die Nase.

Jonas ist froh. Der Flohmarkt war ein Erfolg, die Winkelspinne hat überlebt und wurde nicht aus Versehen samt Puppenhaus verkauft. Und seine Geschwister haben vielleicht bald nicht mehr so viel Angst vor Spinnen. Es sind so coole Tiere!

Die Wanderung

... über deren überraschendes Ende sich Lilly ganz besonders freut

„Ich rieche schon die frische Landluft!“ Ella steht mit weit ausgebreiteten Armen auf dem Bahnsteig und atmet tief ein. Lilly, Mama Zawadi und ihre Nachbarin Jenny steigen jetzt ebenfalls aus dem Zug aus, der die Familie Maina vom Bahnhof Willewitt ins Grüne befördert hat. Jenny passt manchmal auf die Zwillinge auf, doch heute ist sie nicht als Babysitterin mitgekommen, sondern weil sie Lust auf den gemeinsamen Ausflug hatte.

„Herrlich! Einen ganzen Tag lang mit euch wandern, gute Luft und Sonnenschein!“, freut sich Zawadi. Ihre Kinderarztpraxis ist nämlich heute, am Sonntag, geschlossen.

Lilly schaut sehnsüchtig auf einen Wegweiser. „Also da lang gehts zu Blankes Ponyhof", sagt sie. Wenn es nach Lilly ginge, würden sie jetzt alle direkt die Ponys besuchen.
„Zuerst wandern wir den Rundweg, dann kommen wir später bei den Ponys vorbei und du kannst sie dir anschauen", erklärt Zawadi.
Lilly seufzt und folgt den anderen.

Ihr Weg schlängelt sich einen Hügel hinauf. Oben angekommen machen die vier erst einmal eine Pause. Wie eine Weltumseglerin auf hoher See hält Zawadi die Hand schützend über die Augen und blickt in die Ferne.
„Hier ist es ja wunderschön!", stellt sie fest.
„Der weite Blick erinnert mich an unsere Reise nach Kenia. Wisst ihr noch, Ella und Lilly?
Wir haben dort Onkel Thabo und Tante Lissy besucht."
„Nur dass es hier keine Antilopen und Zebras gibt, Mama!", sagt Ella.

„Aber auf dem Hof von Frau Blanke gibts Ponys", erwidert Lilly eifrig.
Doch da entdeckt Zawadi etwas ganz anderes:
Am Himmel türmen sich ein paar große buschige Wolken auf. Hoffentlich wird das keine Gewitterwolke? Ach nein, die Wettervorhersagen waren gut und außerdem strahlt die Sonne noch immer ganz fabelhaft.

Es wird sogar so heiß, dass die vier Wanderinnen sich sehr freuen, als sie den kleinen, von Bäumen gesäumten Bach erreichen. Hier ist es schattig und kühl, nur einzelne Sonnenstrahlen glitzern durchs Blätterdach. Schnell ziehen sie Schuhe und Strümpfe aus und halten ihre Füße ins eisige Wasser: sechs braune und zwei weiße Füße platschen und spritzen. Im Wasser sieht Jennys Haut noch heller aus als sonst. Nach der Erfrischung spazieren sie ein Stückchen am Bachufer entlang.

Plötzlich rumpelt und grummelt es in der Ferne. Unverkennbar, das ist ein Donner, also gibt es doch ein Gewitter!

„Wenn es blitzt, sollten wir nicht unter Bäumen sein“, sagt Zawadi. „Blitze können einschlagen und das tun sie vorzugsweise in alles, was hoch herausragt“.

„Einschlagen?“, fragt Lilly. Das klingt ja gruselig.

„Kommt, wir versuchen, den Ponyhof zu erreichen, bevor das Gewitter hier ist“, schlägt Jenny vor. Lilly schaut ängstlich nach oben. Rasch verlassen die vier Wanderinnen den Bach und die Bäume. Sie rennen über die große Wiese in Richtung Ponyhof. Mittlerweile weht ein starker Wind. Staub und Grashalme wirbeln durch die Luft. Der ehemals schneeweiße Wolkenturm sieht inzwischen aus wie ein riesiger grauer Pilz mit einer dunkelgrauen Haube.

„Woher kommt eigentlich der Donner?“, fragt Ella. „Doch wohl kaum von der Gewitterhexe?“ Ella gruselt sich gern und liebt magische Wesen, am liebsten Hexen und Geister. „Nein, die gibt es nur in deiner Fantasie, Ella!“, sagt Mama lachend. „Es ist vielmehr so: Dort oben in der Wolke rumpeln jetzt kalte und warme Luftmassen plus Wassertropfen und Eiskrümel durcheinander. Dabei baut sich eine Spannung auf und ein Blitz kann entstehen. So ein Blitz macht mit einem Schlag die Luft ganz heiß und dann dehnt sie sich aus.“ Zawadi bleibt stehen, klatscht und reist die Hände weit auseinander. „Und bei der Bewegung knallen alle Teilchen in der Luft aneinander. Das hören wir als Donner.“ Und wie aufs Stichwort donnert es noch mal kräftig. Jenny zuckt zusammen. „Wir müssen uns beeilen!“, ruft sie. „Wenn wir es nicht rechtzeitig bis zum Hof schaffen, hocken wir uns auf den Boden, am besten in eine Kuhle, und machen uns ganz klein. Dann findet uns der Blitz nicht.“ Jenny kennt sich auch gut mit Gewitter aus. Sie will nämlich Grundschullehrerin werden, wenn sie mit dem Studium fertig ist. Wetter ist ein tolles Thema für den Sachkundeunterricht.

Rumms! Das Gewitter kommt immer näher. Die vier rennen, so schnell sie können. Und tatsächlich zuckt ein Blitz über den Himmel. Eine Frau steht winkend am Scheunentor des Ponyhofs.
„Schnell hier herein!“, ruft sie.
Oh, wie herrlich! Gerade als das Donnerwetter draußen richtig losgeht, haben sie die warme, trockene Scheune erreicht. Hier sind sie sicher, denn oben auf dem Dach des Gebäudes gibt es einen Blitzableiter. Das ist eine Metallstange, die über einen Draht den Blitz vom Dach direkt in die Erde leitet, falls er einschlagen würde.
Das Heu duftet. Die Kinder hören vom Stall nebenan das Schnauben und Hufscharren der Ponys. Lilly findet es wunderbar, so nah bei ihnen zu sein. Mama Zawadi breitet eine Decke aus und die vier machen es sich gemütlich. Zuerst gibt es Picknick: Ella und

Lilly haben am Morgen für alle kenianische Ugali vorbereitet, kleine Kugeln aus Maisbrei. Dazu essen sie Apfel- und Möhrenschnitze. Alle haben Riesenhunger.

„Habt ihr zwei vielleicht nachher Lust, Lotti zu striegeln?", fragt die nette Frau Blanke vom Ponyhof. Sie deutet hinüber zum Stall auf ein kleines braunes Pony. Ella und Lilly nicken begeistert. Ja, das wollen

sie unbedingt. Vor allem Lilly! Sie weiß schon, dass Pferde und Ponys regelmäßig gestriegelt werden müssen, damit Fell und Mähne gesund und die Muskeln beweglich bleiben.
Frau Blanke zeigt den Zwillingen, wie man die Bürsten benutzt. Das macht Spaß und es staubt auch ganz schön. Lotti schnaubt zufrieden. Gleich von vier emsigen Händen gestriegelt zu werden, scheint ihr zu gefallen.
Nach der Ponypflege schauen sich alle zusammen die anderen Ponys im Stall an.

„Horcht mal“, sagt Jenny, „Das Gewitter wird schon leiser.“ Zusammen mit Frau Blanke treten sie an die Scheunentür und schauen hinaus. Tatsächlich, auch der Himmel ist wieder hell. Aber sicherheitshalber warten die vier noch ein Viertelstündchen, bevor sie weitergehen.
„Eine Wanderung mit Überraschungen“, sagt Mama und lacht.
„Schön abenteuerlich!“, sagt Ella.
„Traumhaft!“, sagt Lilly, die ihr Pferdeglück kaum fassen kann. Sie strahlt übers ganze Gesicht.
Was für ein Tag!

Der Stinkekäse

... und ein Gefühl, über das Kiran und Jonas interessante Neuigkeiten erfahren

„Puh! Stinkekäse!“, Kiran hält sich die Nase zu und verdreht die Augen. Er steht zusammen mit seinem Papa Anando und seinem besten Freund Jonas vor dem Käsestand auf dem Wochenmarkt. Während Anando begeistert die Auslage betrachtet, hat der würzige Duft jetzt auch Jonas erreicht.

Jonas zieht die Nase kraus und schnuppert wie ein Kaninchen. Die beiden Jungs prusten los.
„Hallo, hallo, meine Herren!“, sagt Anando, der sich selbst das Lachen verbeißen muss, denn Jonas und Kiran ziehen so lustige Grimassen. „Etwas Respekt vor meinem Lieblingskäse, wenn ich bitten darf!“ Seelenruhig verstaut er das duftende Paket, das ihm der Käseverkäufer reicht, in seinem Einkaufskorb.
„So, jetzt noch zur Gemüsefrau“, sagt Anando beschwingt und freut sich schon auf das gute Essen, das er später im Café Kohlmeise für seine Gäste zubereiten wird. Anando ist nämlich ein hervorragender Koch. Besonders beliebt sind seine indischen Gerichte, die er schon als Kind immer gern mit Oma Kala und Opa Nadi gekocht hat.

„Guten Tag! Ich wollte die Zucchini abholen, die ich vorbestellt hatte!“ Anandos Gemüsewunsch löst bei Jonas und Kiran einen erneuten Ekelschauer aus. Kichernd winden sich die beiden und strecken die Zungen raus. Uuuaah!

„Na, hört mal! Jetzt reichts aber! Was ist denn los mit euch?“, fragt Anando. „Irgendwelche Einwände gegen meine Einkaufsliste?“

Kiran schaut seinen Papa treuherzig an und zuckt die Schultern: „Weißt du, wir finden Stinkekäse und Zucchini einfach furchtbar eklig!“, sagt er und Jonas nickt zustimmend. So heftig, dass ihm fast die Mütze vom Kopf fällt.

„Na ja, wenn das so ist“, sagt Anando. „Ihr müsst es ja nicht essen. Wisst ihr, Ekel ist eigentlich eine gute Sache.“

Jonas und Kiran gucken ungläubig.

Kiran schüttelt sich: „So fühlt es sich aber nicht an! Ich spüre es irgendwie fies im Bauch.“

„Und ich im Hals!“ fügt Jonas hinzu. Die beiden sind sich einig.

Anando nickt: „Stimmt, und genau deswegen schützt uns das Gefühl Ekel ganz oft. Weil wir uns davor ekeln, essen wir zum Beispiel keine verdorbenen Lebensmittel oder andere für uns Menschen giftige und schädliche Sachen.“

„Was sind das denn für Sachen?“, fragt Kiran.

„Zum Beispiel Schimmel oder Verfaultes, alles, wo Bakterien drin sind, die uns Menschen krank machen können. Auch vor manchen Insekten oder vor Mäusen ekeln sich Menschen, weil diese Tiere Krankheiten übertragen können.“

Jonas betrachtet nachdenklich den großen Korb mit Pilzen auf der Verkaufsfläche des Marktstands. Pilze findet er ehrlich gesagt auch ein kleines bisschen eklig.

„Aber Papa, Pilze, Stinkekäse und Zucchini sind doch nicht verdorben und auch nicht schädlich, oder?“

„Nein, ganz im Gegenteil“, sagt Anando, „aber sie riechen streng oder fühlen sich im Mund ungewohnt an. Und das kann bei manchen Menschen das Ekelgefühl

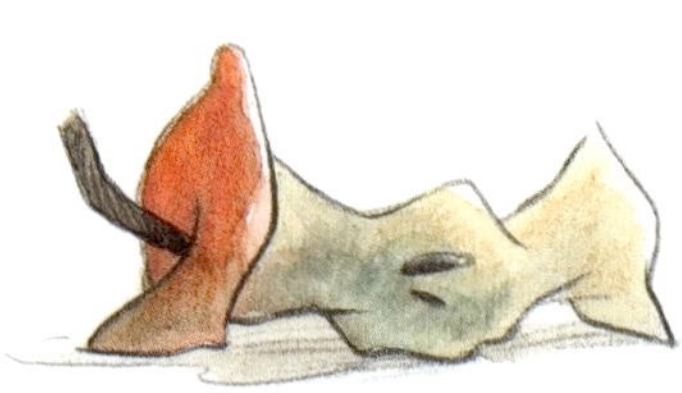

auslösen. Auch, wenn das überhaupt nicht nötig ist."

Jonas und Kiran verstehen: Es gibt Dinge, vor denen sich fast alle Menschen ekeln. Dieser Ekel schützt uns. Es gibt auch Ekel, der eigentlich überflüssig ist. Anando erklärt noch, dass schon Babys bestimmte Geschmäcke und Gerüche mögen und andere nicht. Ekel ist also ein Stück weit angeboren. Er verändert sich, wenn wir älter werden und mehr Erfahrungen sammeln. Was uns ekelt, wird auch davon beeinflusst, wo und mit wem wir aufwachsen und was die Menschen um uns herum eklig finden.

„Na, möchtet ihr zwei nachher mal Zucchini und Pilze probieren? Und hinterher ein Stückchen Stinkekäse?", fragt Anando. Oh nein, das wollen Kiran und Jonas ganz bestimmt nicht.

Als die drei im Café Kohlmeise ankommen, winkt ihnen schon Papa Till zu. „Moin, moin!", ruft er fröhlich, das heißt „Guten Tag!".

Anando und Till führen das Café gemeinsam.

Anando ist für die Küche und den Einkauf zuständig. Er kocht und backt für sein Leben gern. Till kümmert sich um die Büroarbeit und steht hinter dem Tresen. Er schnackt gern mit seinen Gästen – so nennt man es in seiner Hamburger Heimat, wenn man sich unterhält. Und Till schreibt jeden Tag die Speisekarte auf eine große Tafel. Gerade ist er damit fertig geworden. „Wollt ihr sie verzieren?“, fragt er Kiran und Jonas und überreicht ihnen eine Schachtel bunte Kreide.
Das machen die beiden gerne. Heute gibt es Dal, also einen Eintopf aus roten Linsen, belegte Fladenbrote, Apfelkuchen, Franzbrötchen und Kulfi, das ist eine Art indisches Eis mit Pistazien. Mit Begeisterung malen die Jungs ein paar Blumen neben die Namen der Gerichte.

„Ah! Neeein! Hilfe! Hört auf!“ Anando kommt mit schief sitzender Kochmütze aus der Küche gerannt. „Dieses Gequietsche von der Kreide auf der Tafel! Wie eklig! Ich muss mich richtig schütteln!“

Café
KOHLMEISE

Da müssen Kiran und Jonas laut lachen. Dann haben also auch Erwachsene überflüssigen Ekel.
„Willst du mal schreiben?“, fragt Jonas und reicht Anando die Tafelkreide, „Zum Ekel-Abgewöhnen.“
Anando lächelt ertappt. Oh nein, das will er ganz und gar nicht. Man darf ruhig manche Sachen nicht mögen, das ist völlig okay. Was das ist, kann bei jedem Menschen anders sein und sich im Laufe des Lebens verändern. An die Geräusche von Kreide auf der Tafel wird sich Anando nie gewöhnen, das weiß er genau. Die findet er einfach zuuuu eklig!

Der Wettbewerb auf der Wasserrutsche

... bei dem Barbara (unfreiwillig) eine ganz neue Technik erfindet

Hurra! Endlich! Darauf haben sich unsere sechs Freunde aus Willewitt schon lange gefreut: Ein herrlich langer Nachmittag im Spaßbad! Mama Zawadi und Mama Barbara begleiten die Kinder.

Im Spaßbad gibt es tiefe Becken für alle, die schon schwimmen können, und ein flaches Kinderbecken mit einem riesigen Piratenschiff zum Spielen. Hauptattraktion ist die lange Tunnelrutsche, die sich wie ein blauer Ringelwurm von der Schwimmbad-Decke bis hinunter ins Wasserbecken windet.
Die Gruppe teilt sich auf: Jonas und Kiran entschei-

den sich fürs Piratenschiff. Sie wollen Meeresforscher spielen und Zawadi begleitet sie.
„Wie wäre es, wenn wir uns später alle auf der Liegewiese wiedertreffen und ein Eis essen?“, schlägt Zawadi vor. Damit sind alle einverstanden.

Die älteren Kinder gehen mit Barbara zur Wasserrutsche. Um ihre Locken vor dem Chlorwasser zu schützen, tragen Lilly und Ella schicke Badekappen.
„Wisst ihr, wie man richtig schnell rutscht? Am allerschnellsten?“, fragt Romy, als sie die Wendeltreppe hinaufsteigen. Nein, das wissen die anderen nicht, sind aber schon neugierig.
„Also, was stört, ist eine lange Badehose“, sagt Romy. „Stoff bremst!“
Finn schaut skeptisch an seiner Badeshorts herunter, die ihm fast bis an die Knie reicht. Er krempelt, so gut es geht, die Hosenbeine hoch. Cool sieht das nicht aus, aber was tut man nicht alles, um schneller zu rutschen. Lilly und Ella kichern.
„Dann die Beine übereinanderlegen und die Knie

ganz leicht anziehen. So!“ Romy setzt sich auf die Rutsche und überkreuzt die Beine. „Es darf nur eine Ferse die Rutsche berühren.“
Lilly, Ella und Finn schauen interessiert zu, da kommt Barbara die Treppe hinauf.
„Hey Mama, wir möchten ein Wettrutschen machen. Stoppst du die Zeit für uns? Wer am schnellsten da unten aus der Rutsche kommt?“, fragt Romy.
Barbara ist einverstanden und grinst: „Aber nur, wenn ich auch mitmachen darf. Ich bin nämlich auch ziemlich schnell.“ Das kann ja spannend werden!

Romy wartet bis die Rutschenampel „Grün“ anzeigt. Vorher darf man nicht rutschen, damit man nicht zusammenstößt. Um sie herum sprudelt Wasser, das aus zwei kleinen Düsen links und rechts auf die Rutsche strömt. Das Wasser ist wichtig. Auf einer trockenen Rutsche würde man mit den nassen Bade-sachen einfach stecken bleiben. Das Wasser bildet eine Gleitschicht, auf der man rutscht wie auf Eis.
Bei „Grün“ saust Romy los. Als Nächster kommt Finn.

Dank seiner umgekrempelten Badehose ist er zwar schneller als sonst, aber Romy ist nicht zu toppen. Auch Lilly und Ella wenden den Hackentrick an, den Romy ihnen gezeigt hat.

„Und wer von uns war am schnellsten?", rufen die Kinder, als sie wieder oben an der Rutsche ankommen, wo Barbara auf sie wartet: „Bisher war

Romy die Schnellste. Aber jetzt bin ich noch dran. Stoppt ihr meine Zeit?“, fragt Barbara. Na klar, das machen sie!
Barbara macht ein paar Kniebeugen, dann lässt sie ihre ausgestreckten Arme kreisen.
„Ähm?“, fragt Finn stirnrunzelnd. „Gehört das dazu?“
„Aber ja doch“, sagt Barbara. „Ich mache Dehnungsübungen, damit ich gleich beweglicher bin.“ Sie setzt einen Fuß auf die Rutsche. „So! Aufgepasst! Hier kommt die ...“ Gerade will Barbara das Wort „Superschnellste“ sagen, als sie ausrutscht und flupp! im

Tunnel verschwindet. Uah! Barbara saust halb im Liegen auf der Seite in die Kurve – und muss über sich selbst lachen.

„Ups, Mama ist ausgerutscht“, stellt Finn fest.
„Hoffentlich hat sie sich nicht wehgetan“, sagt Romy und schaut abwechselnd auf das Ende der Rutsche und auf die Stoppuhr.
„Quatschmachen ist auf der Wasserrutsche eigentlich verboten“, sagt Ella.
„Seitwärts rutschen auch!“, sagt Lilly und zeigt auf die Tafel mit den Rutschregeln.

Die vier laufen die Treppe runter zu Barbara, die gerade prustend aus dem Landebecken steigt. Angelockt durch das laute Gepruste und Gelächter sind auch Zawadi, Kiran und Jonas zur Wasserrutsche gekommen. Zawadi staunt nicht schlecht über die Rutschkünste ihrer Freundin.
„Also die Schnellste warst du nicht“, kichert Finn.
„Am schnellsten war Romy!“, jubeln Ella und Lilly.

Romy lacht und klatscht in die Hände: „Aber den ersten Platz als LUSTIGSTE Wasserrutscherin, den hast du auf jeden Fall verdient, Mama!“, ruft sie.
„Ist alles in Ordnung?“
Ja, zum Glück hat sich Barbara nicht wehgetan und sie verspricht, beim nächsten Rutschen vorsichtiger zu sein. Da müssen alle lachen. Am lautesten lacht Barbara. Und dann gibt es Eis für alle.
Was für ein lustiger Nachmittag. „So richtig plitsch-platsch-plutschig-rutschig!“, sagt Finn.

Der Übernachtungsbesuch

... bei dem sich alles um die Sonne dreht

„Na, dann wollen wir mal!“, sagt Opa Nadi und nimmt Kirans Tasche. Kiran und seine Papas wohnen über dem Café Kohlmeise in einer schönen, großen Wohnung. Heute Abend findet eine Party mit Musik und Tanz im Café statt, das wird bestimmt laut. Damit Kiran trotzdem gut schlafen kann, darf er bei Oma Kala und Opa Nadi übernachten.

Kiran freut sich auf den Übernachtungsbesuch. Fest drückt er seinen Kuscheldino Platte an sich. Der kommt natürlich mit.
„Gucken wir uns später alle zusammen die Sterne an, Dadi?“, fragt er und schaut erwartungsvoll in den blauen Himmel. Kiran nennt seine Großeltern auch Dadi und Dada, das ist Hindi für Opa und Oma väterlicherseits. Dadi ist einverstanden.

Das Abendbrot essen Kiran und seine Großeltern auf dem Balkon. Es gibt frisch gebackene Chapati. Dieses indische Fladenbrot mag Kiran besonders gern. Vom Balkon aus kann man über den ganzen Park schauen. Kiran staunt: Dort, wo die Sonne langsam hinter den Bäumen verschwindet, hat sich der Himmel orangerot verfärbt. Wie schön das aussieht!
Opa Nadi erinnert sich: „Als ich ein kleiner Junge war, erzählte mir meine Großmutter, dass morgens und abends der rote Sonnenvogel über den Himmel fliegt. Dabei verliert er seine Federn, die alles mit

Rot bedecken. Dann schläft der Sonnenvogel und seine Federn wachsen wieder nach."
Kiran gefällt die Geschichte. Er kennt auch eine über das Abendrot: „Meine Oma in Hamburg hat mir mal erzählt, dass die Engel Kekse backen, wenn der Himmel rot leuchtet. Das Licht scheint aus dem glühenden Backofen, in den sie die Kuchenbleche hineinschieben."

Oma Kala schmunzelt. „Die Geschichten sind schön, aber Abend- und Morgenrot entstehen, weil sich die

Erde bewegt. Sie dreht sich ganz langsam um sich selbst. Dabei wird sie von der Sonne angestrahlt. Wenn sie sich von der Sonne wegdreht, dann sieht es für uns so aus, als würde die Sonne untergehen. An manchen Tagen erscheint das Licht der letzten oder der ersten Sonnenstrahlen besonders rot", sagt sie und schaut in den Himmel.
„Du meinst wohl, die Sonne bewegt sich, Oma! Nicht die Erde!", sagt Kiran mit gerunzelter Stirn.
Tatsächlich: Der Sonnenball, der eben noch wie eine dicke Orange hinter den Bäumen zu sehen war, ist jetzt verschwunden. „Siehst du, Oma? Die Sonne ist untergegangen. Plumps! Weg ist sie!"
Kala und Nadi lachen.

Oma Kala holt eine Taschenlampe aus der Wohnzimmerkommode und reicht sie Kiran: „Hier, schalte die mal an und halte sie hoch, sodass das Licht auf mich scheint." Kala selbst nimmt eine Tomate vom Abendbrottisch, dabei klimpern ihre goldenen Armreifen aneinander. „Die Taschenlampe ist jetzt

die Sonne und die Tomate ist die Erde.“ Oma dreht langsam die Tomate in ihren Händen.
„Sieh mal, die Tomate, also die Erde, dreht sich ganz langsam um sich selbst“, fährt sie fort. „Dabei wird zunächst die eine und dann die andere Seite von der Sonne angestrahlt.“

Das versteht Kiran. Wenn die Taschenlampensonne auf die eine Seite der Tomatenerde scheint, ist dort Tag. Auf der anderen Seite ist Nacht. Weil sich die Erde langsam weiterdreht, wird dort, wo es gerade dunkel ist, bald wieder Tag. So geht es immerzu: Tag und Nacht wechseln sich ab – mal scheint die Sonne auf die eine, dann wieder auf die andere Seite.

„Im Grunde ist es falsch, dass man sagt, die Sonne gehe auf oder unter", sagt Oma. „Die Sonne bleibt ja da, wo sie immer ist. In Wirklichkeit dreht sich die Erde. Sie dreht sich um sich selbst."

So viel Dreherei! Kiran schaut sich um. Alles steht an seinem Platz. Der Abendbrottisch, das Geschirr darauf, der Park, der Spielplatz, die Straße – alles sieht aus wie immer.
„Aber wenn sich die Erde dreht, warum fliegt dann nichts weg?", fragt Kiran.
Da kann Opa Kiran beruhigen: „Nein, es fliegt nichts von der Erde weg. Auch wenn sie sich um sich selbst und um die Sonne dreht. Das liegt an der Erdanziehungskraft. Durch sie wird alles, was zur Erde dazugehört, angezogen wie von einem Magneten. Sogar unsere Atemluft, die Wolken, das Wasser in den Meeren, einfach alles bleibt ganz sicher auf der Erde, obwohl die sich dreht und dreht und dreht. Darum fällt ja auch alles nach unten", sagt Opa, nimmt eine Gurkenscheibe vom Abendbrotteller und lässt sie

sich in den offenen Mund fallen. Plumps! Kiran kichert begeistert.

Weil sich die Erde samt Kiran, Opa und Oma von der Sonne weggedreht hat, können die drei jetzt langsam die Sterne am Abendhimmel erkennen. Je dunkler es wird, desto mehr funkeln sie aus der Ferne. Opa zeigt Kiran den kleinen Wagen. Kiran mag das Sternbild besonders: Wenn man in Gedanken die Sterne durch eine Linie miteinander verbindet, sieht man eine kleine Karre oder einen Autoanhänger.

Kiran gähnt. Es wird Zeit fürs Bett.
„Träum was Schönes“, sagt Opa. „Von den Feuervögeln, die über die Wolken fliegen und bei den backenden Engeln Kekse naschen.“
„Oder von dem kleinen Wagen, mit dem du durchs Weltall düst und dir die Erde von oben anschaust: Da hast du einen schönen Blick auf Deutschland, Indien und alle anderen Länder der Welt“, schlägt Oma vor. „Ach, das wäre toll.“ Kiran lächelt und schmiegt sich an Platte, seinen Kuscheldino. „Gute Nacht, Dadi, gute Nacht, Dada.“
Das mit der drehenden Erde muss er unbedingt Jonas erzählen, wenn sie sich im Kindergarten wiedersehen, denkt er noch. Dann schläft er schon.

Der Nachhauseweg in der Dämmerung

… auf dem Finn beinahe an fantastische Wesen glaubt

„Tschüss, Ella, tschüss, Lilly, bis morgen!“, ruft Finn und hüpft die Treppen hinunter.

Es ist ganz schön spät geworden und die Zwillinge wollen noch mit ihrem Papa telefonieren, aber der Nachmittag war einfach so schön!

Ella, Lilly und Finn haben bei Mainas in der Wohnung ihren Halloweentanz für die Aufführung in Janas Kindertanzschule eingeübt. Den haben sie sich selbst ausgedacht. Sie tun dabei so, als wären sie ein Gespenst, ein Vampir und ein Werwolf. Das ist ein Wolf, der sich bei Vollmond in ein Monster verwandelt. Fast schade, dass es solche Fantasiewesen in Wirklichkeit gar nicht gibt, denkt Finn.

Draußen dämmert es schon, als Finn am Park entlang nach Hause läuft. Leise summt er die Melodie vor sich hin, zu der sie am Nachmittag getanzt haben. Plötzlich knackst es im Gebüsch! Ruckartig bleibt er stehen. Ein Werwolf wird es wohl nicht sein. Das Tier im Gebüsch ist viel kleiner, braungrau und trappelt knurrend und schnüffelnd davon.
Finn läuft weiter, zieht die Kapuze seines Pullis hoch und stopft seine dunklen Locken darunter. Die

Parklampen gehen schon an. Finn schaut hinauf: Ein Tier flattert lautlos und blitzschnell über ihn hinweg. Eine Taube? Aber Tauben schlafen doch bereits. Außerdem fliegt das Flatterdings irgendwie anders. Finn geht schneller. Ein bisschen unheimlich findet er es schon, aber auch sehr spannend. Fast so, als gäbe es doch fantastische Wesen in der Stadt.

Jetzt nur noch die kleine Straße überqueren, dann ist er zu Hause. Plötzlich streift etwas Großes und Dunkles durch die Luft, wie ein Windhauch. Wow! Voll gruselig! Das ist doch kein Tier ... Vielleicht ein Gespenst? Ein Vampir?

Finn beschließt, die letzten Meter nach Hause zu rennen. Als er in die Apfelbaumstraße einbiegt, steht Papa Konrad mit seinem Fahrrad vor dem Gartenzaun und putzt seine Brille. Konrad fährt gleich zur Nachtschicht ins Seniorenheim Pusteblume. Dort hilft er den Bewohnerinnen und Bewohnern, falls sie nachts etwas benötigen. Finn freut sich. Er ist

sogar ein bisschen erleichtert, seinen Papa zu sehen. Atemlos erzählt er ihm von dem aufregenden Nachhauseweg.

„Ich schätze, das Tier im Gebüsch war ein Igel“, sagt Konrad und setzt seine Brille wieder auf. „Er sucht in der Dämmerung nach Futter, zum Beispiel nach Insekten. Dabei kann ein Igel ganz schön laut sein. Vor Feinden braucht er

sich nicht zu fürchten: Droht Gefahr, rollt sich er sich schnell zu einer Stachelkugel zusammen."
Finn staunt. Den Trick mit den Stacheln findet er toll.

„Und was war das Flatterdings?", fragt Finn.
„Bestimmt eine kleine Fledermaus", antwortet Konrad. „Tagsüber schläft sie kopfüber an einem geschützten Platz. Erst in der Dämmerung wacht sie auf und fliegt los, um Nahrung zu suchen. Sie frisst auch Insekten und manche Fledermäuse schnappen ihre Beute sogar im Flug."
Finn ist beeindruckt. Wie viele wilde Tiere in der Stadt unterwegs sind, wenn der Abend kommt und man darauf achtet! Anders als Haustiere leben Wildtiere frei in der Natur und suchen sich ihr Futter selbst.

Aber was war denn jetzt das besonders gruselige, große Wesen, das ganz leise an ihm vorbeisauste? Wohl kaum ein Gespenst!
Papa lacht: „Nein, das war eine

Eule! Ein Waldkauz vermutlich. Eulen machen beim Fliegen absolut kein Geräusch. Das liegt an ihren besonderen Flugfedern, die an den Rändern feine Härchen haben. So können sich Eulen unbemerkt ihrer Beute nähern, zum Beispiel einer Maus."

„Boah, echte Wildtiere. Und das bei uns im Stadtpark!", staunt Finn. „Das ist fast genauso spannend, als gäbe es hier fantastische Wesen!"
„Sie haben hier nicht immer gelebt", erklärt Konrad. „Aber weil die Menschen mehr und mehr Platz brauchen und dadurch Wiesen und Wälder kleiner werden, kommen manche Tiere in die Stadt."
„Auch Füchse?", fragt Finn. Ja, sogar einen Fuchs hat Konrad schon gesehen, als er nachts von der Arbeit kam. Aber meist bleiben die scheuen Wildtiere weit weg von den Menschen.

Finn umarmt seinen Papa zum Abschied und winkt ihm, bis er um die Ecke verschwunden ist. Dann läuft er schnell ins gemütliche Haus. Mama, Romy und Jonas räumen gerade den Tisch ab. Gut, dass er schon bei Ella, Lilly und Zawadi Abendbrot gegessen hat.

Pommes liegt zusammengerollt wie eine Brezel in seinem kuscheligen Körbchen.

„Na, du Haustier! Du bist auch fantastisch!", sagt Finn vergnügt und streichelt Pommes lieb, der erfreut seinen Kopf hebt.

Finn ist froh. Der Nachmittag bei Ella und Lilly war schön und der Heimweg tierisch aufregend! Ohne fantastische Wesen, dafür mit einem echten Igel, einer Fledermaus und einer Eule. Das muss Finn morgen in der Schule sofort Ella und Lilly erzählen.

Der Nachmittag mit Pommes

... bei dem Kiran übt, ein Haustier zu haben, und dabei eine wichtige Entdeckung macht

„Du wirst sehen, Kiran, es ist richtig toll, einen Hund zu haben!“, sagt Jonas und krault Pommes hinter den Ohren.
Kiran ist gespannt auf seinen Übungsnachmittag. Er wünscht sich ein Haustier, er weiß nur nicht, welches. Vor allem Papa Till könnte sich einen Hund als Haustier der Familie Kohl vorstellen. Till und seine Eltern hatten früher in Hamburg auch einen Hund namens Molly, den er sehr geliebt hat. Also verbringen Till und Kiran heute den ganzen Nachmittag bei den Meierleins, damit Kiran das Leben mit Hund einmal ausprobieren kann. Kirans Kuscheldino Platte ist natürlich auch dabei.

Jonas setzt seine Mütze auf. Seine ältere Schwester Romy kommt auch mit. Als Erstes wollen die vier mit Pommes Gassi gehen. „Machst du ihm die Leine um, Kiran?“, schlägt Romy vor. „Dann versteht Pommes gleich, dass DU heute mit ihm gehst.“ Als Kiran die Hundeleine von der Garderobe nimmt, springt Pommes blitzschnell auf, bellt und hopst wie ein Gummiball auf und ab. Vor Schreck lässt Kiran die Leine fallen. Jonas hilft, den zappeligen Pommes zu halten und die Leine am Halsband zu befestigen.

Pommes kann es gar nicht erwarten, bis sie am Park sind, und läuft freudig voran. Die Kinder rennen ein bisschen mit ihm. Das macht Spaß! Doch plötzlich bleibt Pommes stehen.
Aha, der Laternenpfahl. Pommes umrundet ihn mehrmals und schnuppert sehr, sehr gründlich.
„Er liest Zeitung“, erklärt Jonas. „Andere Hunde haben nämlich auch an den Pfahl gepinkelt. Sie pinkeln, um Nachrichten zu hinterlassen. Zum Beispiel: Ich bin größer als du. Oder: Ich möchte

dich gern kennenlernen. Oder: Das hier ist MEIN Laternenpfahl. Hunde können das riechen."

Kiran staunt. Dass Hunde sich gegenseitig Nachrichten hinterlassen, wenn sie kurz mal wo hinpinkeln, wusste er gar nicht. Jetzt hebt Pommes plötzlich ein Hinterbeinchen hoch in die Luft und macht ebenfalls sein Geschäft.

„Daran siehst du, dass Pommes ein Junge ist. Die Hundemädchen hocken sich hin, wenn sie mal müs-

sen“, sagt Jonas. Kiran ist beeindruckt. Was Jonas alles über sein Haustier weiß!
Auf der Hundewiese lassen sie Pommes von der Leine. Das haben die Meierleins von Anfang an mit Pommes geübt. Romy zeigt ihnen einen Trick, den sie Pommes beigebracht hat: Sobald sie sein Spielbällchen weit weg über die Wiese wirft, saust Pommes hinterher und bringt es zurück. Dann bellt er begeistert. Romy erzählt, dass man Leckerlis in das Spielbällchen stecken kann.

So hat sie Pommes den Trick beigebracht. Denn nach jedem Holen bekam er gleich eine Belohnung. „Jetzt holt Pommes den Ball auch, wenn kein Leckerli drin ist“, lacht Romy. „Die meisten Hunde wollen gerne spielen und Tricks lernen. Möchtest du auch mal den Ball werfen?“

Doch Kiran schüttelt den Kopf, er findet Pommes fast ein bisschen zu wild.

Den letzten Wurf für heute übernimmt Jonas. Der Ball macht einen besonders hohen Bogen und landet mitten im Gebüsch.

Pommes flitzt hinterher. Er verschwindet kurz zwischen den Blättern und Zweigen und bringt den Ball zurück zu den Kindern. Doch was ist das? Da hängen lauter grüne Kügelchen in seinem Fell. Das sind Kletten, die kugelförmigen Früchte der gleichnamigen Pflanze. Kletten haben winzige Häkchen, die sich im Fell von Tieren verhaken. Auf diese Weise tragen die Tiere die Früchte mit den Samen fort. Irgendwann fallen die Kletten wieder ab, so sät sich die Pflanze an einem anderen Ort wieder aus. Mit diesem „Trick" kann sich die Klette weit verbreiten. Allerdings nicht mithilfe von Pommes!

„Die Pieksdinger müssen alle wieder raus", sagt Jonas und schiebt seine Mütze in den Nacken. „Sonst wird sein Fell struppig."

Doch Kiran bemerkt die Kletten überhaupt gar nicht. Er hat in der Zwischenzeit ein Spinnennetz im Gebüsch entdeckt und betrachtet es fasziniert. Beim Betrachten von kleinen Lebewesen vergisst Kiran alles um sich herum.

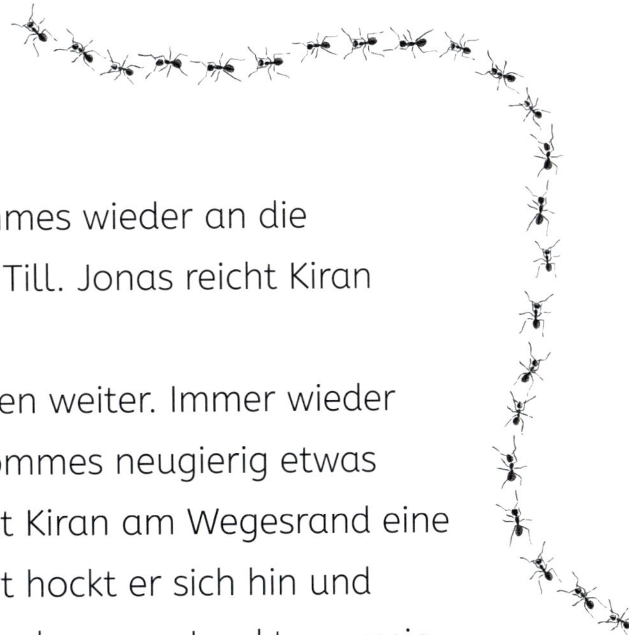

„Hey Kiran, du kannst Pommes wieder an die Leine nehmen“, sagt Papa Till. Jonas reicht Kiran die Leine.
Die Kinder und Till spazieren weiter. Immer wieder bleiben sie stehen, weil Pommes neugierig etwas beschnuppert. Da entdeckt Kiran am Wegesrand eine Ameisenstraße. Interessiert hockt er sich hin und schaut zu, wie die kleinen schwarzen Insekten emsig hin und her laufen. Einige tragen Lasten auf dem Rücken. Wie stark sie sind! „Sie können Sachen tragen, die zigmal schwerer sind als sie selbst!“, sagt Kiran beeindruckt.
„Vergiss nicht, auf Pommes aufzupassen!“, sagt Romy.

Es ist Zeit, nach Hause zu gehen. „Kiran und ich kümmern uns um Pommes’ Fell“, sagt Jonas. Romy verabschiedet sich in ihr Zimmer. Mama Barbara ist gerade von der Arbeit gekommen. Sie und Till trinken erst mal gemütlich einen Tee in der Küche. „Sagt Bescheid, falls ihr zwei Hilfe braucht“, bietet Barbara an. „Danke. Ich glaub, wir schaffen das, Mama“, sagt Jonas zuversichtlich.

Auf der Terrasse macht Pommes brav „Sitz!“, damit die Jungen ihm die Kletten aus dem Fell ziehen können. Weil das ziept, zappelt Pommes dabei ein bisschen. Kiran ist das ein bisschen unheimlich, aber Jonas lacht und sagt: „Halt still, Pommelito!“

Dann darf Kiran noch Trockenfutter und frisches Wasser in die Fressnäpfchen füllen. Danach waschen sich Jonas und Kiran die Hände.
„Na, wie wars?“, fragt Jonas neugierig.
Kiran muss nicht lange überlegen: Der Nachmittag mit Hund hat Spaß gemacht. Ein Tier zu haben und es zu versorgen, ist so schön, auch wenn es Arbeit macht!

Eines ist Kiran heute klar geworden: Pommes findet er zwar lieb und niedlich, aber Spinnen, Insekten und andere Krabbeltiere findet er noch viel spannender. Dinos natürlich auch, aber die kann man schließlich nicht als Haustiere halten.
„Vielleicht könnte ich meine Papas fragen, ob ich eine Stabheuschrecke haben darf? Das ist eine Heuschrecke, die wie ein kleiner Ast aussieht. Das ist ihre Tarnung. Hungrige Vögel erkennen sie so gar nicht. Sie selbst frisst Brombeerblätter, die könnten wir bei

Ella und Lilly im Hinterhof pflücken“, sagt Kiran und strahlt übers ganze Gesicht.
„Ja, das wäre supertoll!“, findet auch Jonas, „Wir wollen ja später Tierforscher werden. Dann kümmerst du dich um alle kleinen Krabbeltiere und ich erforsche die großen.“

Das klingt nach einem hervorragenden Plan. Aber als Nächstes muss Kiran seine Papas von der Stabheuschrecke als Haustier überzeugen. Jetzt machen es sich die beiden Freunde erst mal in der Hängematte auf der Terrasse gemütlich. Kiran ist richtig glücklich, denn jetzt weiß er, welches Haustier er gerne haben möchte. Herauszufinden, was man will, ist manchmal gar nicht so einfach.

Wieso? Weshalb? Warum?

Die Sachbuchreihe für Kinder von 4-7 Jahren

- Beantwortet Kinderfragen auf Augenhöhe
- Einzigartige Klappen vermitteln spielerisch Wissen
- Detailreiche Bilder wecken Spaß am selbstständigen Entdecken
- Kompetent recherchiert und geprüft

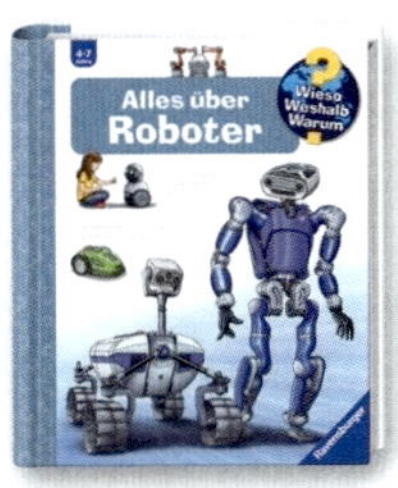

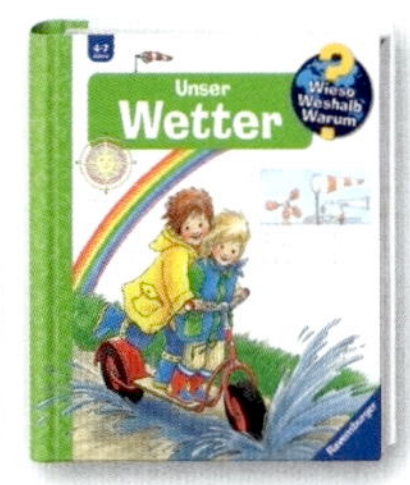

Ravensburger

4-7 Jahre

Entdecke weitere Produkte von Wieso? Weshalb? Warum?

STICKER HEFT

Stickerspaß mit Sachwissen

aktiv-Heft...

Malen, Rätseln, Basteln

Spiele und Puzzles

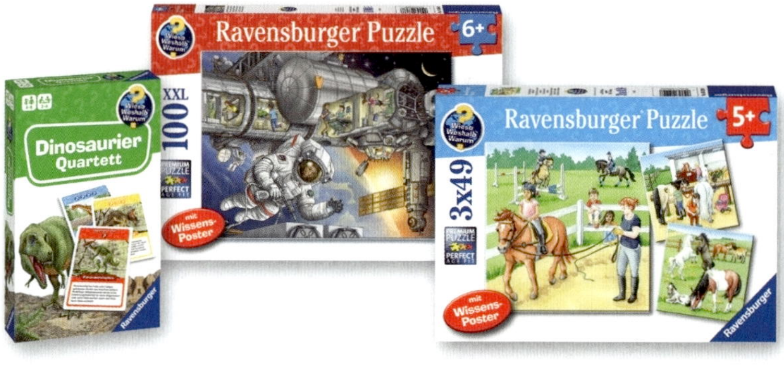

Die ganze Welt von Wieso? Weshalb? Warum? findest du auf:

www.WiesoWeshalbWarum.com

MIX
Papier | Fördert gute Waldnutzung
FSC® C111262

1 3 5 4 2

Postfach 2460 · D-88194 Ravensburg

Text: Inka Friese
Illustration: Frau Annika

Mit fachlicher Unterstützung von:
Marius Schaefers, Sensitivity Reader
Dr. Henriette Gruber, Institut für Biologie und ihre Didaktik, PH Freiburg
Dr. Thorsten Ratzka, Planetarium Osnabrück, Museum am Schölerberg
Dr. Hannelore Koch und Nina Abraham MA, LEoN –
Zentrum für Lernen, Entwicklung und Neuropsychologie
Prof. Dr. Dirk Sachse, Deutsches GeoForschungsZentrum GFZ
Helmholtz-Zentrum Potsdam und Humboldt Universität zu Berlin
Dr. Stephanie Sonntag, Diplom-Agraringenieurin
Dr. med. Ulrike Gaiser, Fachärztin für Kinder- und Jugendheilkunde,
Klinik für Kinderneurologie und Sozialpädiatrie des Kinderzentrums Maulbron
Benjamin Schwan, Institut für Abfall- und Kreislaufwirtschaft, TU Dresden
Dr. Christoph Quitmann, Structure & Flow - Science Consulting

Satz: Anja Grad, Satz für Satz

Printed in Germany

ISBN 978-3-473-60072-4

ravensburger.com
www.wiesoweshalbwarum.com